目にやさしい
大活字

「履歴書のウソ」の見抜き方　調べ方

谷所健一郎 著

C&R研究所

はじめに

厳しい経済情勢のなかで、求職者は必死に転職活動をしている。数十社に応募しても書類選考で不採用になってしまうという求職者の嘆きの声が聞こえてくる。その一方で、以前は求人広告を掲載しても数名しか応募がなかった企業でも、最近は数十名、なかには数百名の応募者があるという。本来は応募者全員に面接を行い採否の判断をするべきだが、応募者が殺到する状況では物理的にも難しい。

応募者を絞り込むために書類選考が必要となるが、どのような基準で選考しているのだろうか？　実際には、確固たる基準がなく、求める職務能力と合致する人、転職回数が多くない人、応募書類から熱意を感じる人……など、選考基準が曖昧な状況で、選別していることも多い。

応募者は、何とか書類選考を通過したいために、必死に応募書類を作成する。転職回数が多いことを懸念し、勤務した会社名を記載しない応募者がいる。長期間のブランクを「自己啓発」の一言で誤魔化している応募者がいる。管理職経験をアピールしながら、実際は部下がいなかった応募者がいる。

提出された書類が事実であれば何ら問題はないが、採用されたいためにウソの履歴や誇張した内容が記載されていれば、入社後、ミスマッチングが生じる。採用担当者は、履歴書や職務経歴書から応募者の本質を見抜き、疑問があれば面接で問いただす必要がある。提出された書類を鵜呑みにするのではなく、記載されている内容をじっくり読み込み、自社で採用したい人材かどうかを見極めなければならない。

本書は、履歴書や職務経歴書に記載された内容から判断できる応募者の本質とウソを見抜く方法について書かせていただいた。最初から疑ってはならないが、多くの応募者のなかから自社で活躍する人材を採用するためには、書類をきちんと見極め、採否の判断をしなければならないのだ。

2009年7月

谷所 健一郎

CONTENTS
目次

はじめに……3

第1章　履歴書のウソを見抜く

履歴書のウソを見抜く22のポイント……14
自宅住所欄に都道府県名が記載されていない……16
スナップ写真が貼られていたり、貼られた写真に眼力がない……18
家族が同居しているにもかかわらず、
固定電話の番号が記載されていない……20
学歴で中退、留年の理由が記載されていない……22
学歴や職務経歴で、学校名や勤務先名が正式名称で記載されていない……24
入学・卒業年度が間違って記載されている……26
職務経歴の退職理由がすべて「一身上の都合」と記載されている……30
提出された履歴書が汚れていたり、
欄外に鉛筆での記入跡が残っている……32

学歴や職務経歴に6カ月以上の不明なブランク期間がある……34
自社ならではのアピールすべき志望理由が記載されていない……36
自己PRの内容が曖昧である……38
多分野にまたがる資格を多数取得している……40
士業の資格取得を目指している・目指していたと記載されている……42
多彩な趣味が記載されている……44
修正液や修正テープが使われている……46
給与・待遇などの入社時の希望条件に固執する……48
通勤できない遠隔地から応募している……50
パソコンで作られた履歴書に市販の履歴書にある項目がない……52
パソコンで作られた履歴書で、
勤務先や在籍期間が明確に記述されていない……54
パソコンで作られた履歴書で、年齢や現職の勤続年数が間違っている……56
パソコンで作られた履歴書で、写真の貼付スペースがない……58
履歴書がパソコンで作られている……60

第2章　職務経歴書のウソを見抜く

職務経歴書のウソを見抜く23のポイント……64
勤務した会社名と携わった仕事の内容が
　必要最小限しか記載されていない……66
職務経歴に一貫性が見られない……68
職務経歴書を手書きで作成している……70
職務内容などの記述がむやみに長文である……72
求める職務能力と記述内容との共通性が見出せない……74
5年以上の職務経歴がありながら、
　新人教育での受講内容が詳細に記載されている……76
自社で活かせる職務経験がアピールされていない……78
職務経歴書の分量がA4サイズ4枚以上にわたる……80
職務経歴を会社単位ではなく職務能力単位でまとめている……82
複数の派遣企業をひとくくりで記載している……84

評価、実績、成功事例、仕事のスタンスなどが記載されていない……86
30歳以上の応募者でマネジメントの経験が記載されていない……88
「キャリアアップ」や「技術の習得」への希望を強調している……90
「頑張ります」「貢献します」と具体性がなく書かれている……92
書類に誤字、脱字が多い……94
初めての転職で、前職の経験が10年以上ある……96
「年齢が高い」「経験がない」などのネガティブな表現がある……98
業績不振による退職理由が2社以上ある……100
職務経歴書内に常体、敬体の文章が混在している……102
志望動機欄に「最後の転職にします」と記載されている……104
未経験の職種を希望していて前職の経験を強みとして記載していない……106
自社で「やりたいこと」「できること」が記載されていない……108
郵送された応募書類に添え状が添付されていない……110
COLUMN 求職者の不安①……112

第3章 エントリーシートのウソを見抜く

エントリーシートのウソを見抜く15のポイント……114
エントリーシートから自社への思い、発揮できる強みが読み取れない……116
エントリーシートに空欄が多い……118
エントリーシートに現職の勤務先名が記載されていない……120
年齢や経験年数とマネジメントしてきた人数のバランスが悪い……122
エントリーシートの職歴欄に退職理由を記載していない……124
改行位置の不揃い、全角と半角の文字の混在、記載された年数に間違いがある……126
エントリーシートの希望職種、業界と募集要項の内容に共通性が見られない……128
希望年収が著しく高い、もしくは低い……130
エントリーシートの希望勤務地が募集要項と合致しない……132
エントリーシートに記載された入社可能時期が3カ月を超える……134
エントリーシートの自己PR欄が空欄、もしくは常体で記載されている……136

エントリーシートの職務内容欄、自己ＰＲ欄が5行以内で書かれている……138
エントリーシートの職務内容欄に日付、氏名が記載されている……140
エントリーシートに読み手の立場を考えた
見出しなどの工夫がなされていない……142
エントリーシートと提出された職務経歴書の内容が異なる……144
COLUMN 求職者の不安②……146

第4章 面接でウソを見抜く

応募書類に記載する、しないは応募者の自由だと認識する……148
退職理由から、適応力と意欲を確認する……150
志望動機から自社への思いを確認する……152
貢献できることから、職務能力を確認する……154
自己ＰＲの事例から、信憑性を確認する……156
留学経験は、期間、目的、語学力を確認する……158

6カ月以上のブランク期間は、就労経験を確認する……160
職務経歴について聞き流さない……162
病気による退職、ブランク期間は、診断書提出について確認する……164
自己啓発は、具体的な進捗状況を確認する……166
管理職経験について、部下の人数、管理職としての強みを確認する……168
実務レベルについて試験を行う可能性を示唆する……170
体験入社で能力と適応力を見極める……172
前職の会社へ問い合わせる可能性を示唆する……174
COLUMN 求職者の不安③……176

第5章 入社時の書類で事実を確認する

入社意思の確認、提出書類の偽りを防止～内定承諾書……178
前職の年収、前職の退職時期を確認
～源泉徴収票、在籍証明書、雇用保険被保険者証……180

提出書類に疑問がある、人間関係を把握したい～身元保証書……182
学歴に疑問がある、住居地に疑問がある
～卒業証明書、住民票記載事項証明書……184
資格や免許に疑問がある、実務能力に疑問がある
～免許証、資格証明書、在籍証明書……186
COLUMN 求職者の不安④……188

第6章 書類に偽りがあったときの対処法

面接時に確認を怠ると言い訳をされる……190
書類に偽りを記載させない体制を構築する……192
業務に支障を与える詐称は、解雇に該当する……194
今後も在籍させたい場合は、内密に対応する……196

おわりに……198

第1章

履歴書のウソを見抜く

履歴書のウソを見抜く22のポイント

中途採用では職務経験を重視するため、履歴書にそれほど注目しない採用担当者がいるが、履歴書から応募者の仕事の能力、適性、意欲を読み取ることができる。

記載されている年月が正しいと決めつけて読んでしまうと年齢から換算して入学年月がかみ合わないような履歴書であっても見落としてしまう。ブランク期間についても、履歴書をなんとなく読んでいるだけでは、気がつかないこともある。履歴書のフォームを指定していない場合、パソコンでオリジナルの履歴書を作成する応募者がいるが、それを「パソコンスキルがある」と評価するだけでは、応募者が考えている意図を読み取ることはできない。

応募者は、採用に不利になることは、極力書きたくないと考えていることを前提に、本章では、履歴書から読み取れる応募者の本質について考えてみよう。

■ 履歴書からわかる応募者の傾向

チェック項目	職務能力	事務能力	志望意欲	労働意欲	定着性
自宅住所欄に都道府県名が記載されていない		●	●	●	
スナップ写真が貼られていたり、貼られた写真に眼力がない			●		●
家族が同居しているにもかかわらず、固定電話の番号が記載されていない				●	●
学歴で中退、留年の理由が記載されていない					●
学歴や職務経歴で、学校名や勤務先名が正式名称で記載されていない		●	●	●	●
入学・卒業年度が間違って記載されている	●	●	●		
職務経歴の退職理由がすべて「一身上の都合」と記載されている				●	●
提出された履歴書が汚れていたり、欄外に鉛筆での記入跡が残っている		●	●	●	
学歴や職務経歴に6カ月以上の不明なブランク期間がある	●			●	
自社ならではのアピールすべき志望理由が記載されていない			●		●
自己PRの内容が曖昧である	●		●	●	
多分野にまたがる資格を多数取得している				●	●
士業の資格取得を目指している・目指していたと記載されている			●	●	●
多彩な趣味が記載されている	●			●	
修正液や修正テープが使われている		●	●	●	
給与・待遇などの入社時の希望条件に固執する	●		●		●
通勤できない遠隔地から応募している	●		●		
パソコンで作られた履歴書に市販の履歴書にある項目がない	●				
パソコンで作られた履歴書で、勤務先や在籍期間が明確に記述されていない					●
パソコンで作られた履歴書で、年齢や現職の勤続年数が間違っている		●	●		
パソコンで作られた履歴書で、写真の貼付スペースがない			●	●	
履歴書がパソコンで作られている	●	●			

※ ●は履歴書からわかる、応募者が劣っていると思われる分野を示す

自宅住所欄に都道府県名が記載されていない

こんなことが読み取れる

- 仕事が雑で、事務処理能力が欠乏している
- 多くの企業へ応募しており、不採用が続いている

履歴書の住所欄で、自宅住所が都道府県名から記載されていない履歴書は、応募者の事務能力の欠乏が考えられる。履歴書が正式文書だと理解していれば都道府県名から記載するはずだが、事務経験が少ないと市町村名から記載しても何ら問題だと思わない。さらに、応募者がどれだけ真剣に履歴書を書いているかを、住所から読み取ることができる。応募企業への熱意に欠ける場合は、住所がわかればいいと考え、都道府県名を省いて記載する。

都道府県名だけでなく、番地を数字だけで記載している場合や、マンションやアパート名を書かない場合も同様だ。きちんと記載しようとする姿勢があれば、番地も「番地、丁目、番、号」など、住民票に記載されている表記で書くが、郵便物が届けばいいという気持ちであれば、手間隙をかけて書こうとはしない。不採用が続いている応募者は、大量の履歴書を書かねばならず、短時間で要領よく記載していることも多い。

同様にマンションやアパート名も、部屋番号だけ記載しておけば郵便物は届くだろうが、どうしても入社したい企業であれば、アパート、マンション名までしっかり記載するはずだ。

住所を割愛して記載する応募者は、要領はよいが仕事が雑な可能性がある。すべての仕事が時間をかければいいというわけではない。ときには要領よく、スピードが求められるケースもあるが、採否を判断してもらうための「顔」である履歴書の住所を手短に記載するようでは、仕事の質にも疑問がある。

住所欄は履歴書で、氏名と共に最初に記載する項目だ。手書きであれば最初の文字から応募者の思いが読み取れる。字が上手い、下手という問題ではなく、丁寧に記載する気持ちは、応募者の筆圧に表れ、住所欄の記載から読み取れるのだ。

スナップ写真が貼られていたり、貼られた写真に眼力がない

こんなことが読み取れる

- 眼力のある応募者は、仕事への意欲が強い
- 直感で好感を抱かない応募者は、人間性に問題があることが多い

履歴書の写真から応募者の意欲を読み取ることができる。写真館で撮影した写真であれば入社への思いは強いが、スナップ写真などを平気で貼付するようでは、仕事への意欲を疑ってみるべきだ。厳しい雇用情勢のなかでは、数十社不採用が続く応募者も少なくない。だからといって写真で手を抜くようでは、入社後の仕事に期待を持つことはできない。

写真では、応募者の眼力に注目してみよう。仕事に自信を持つ応募者は「目」に力があり、仕事へのやる気と熱意を感じるはずだ。眼力を感じない応募者は、不採用が続いているため自信を喪失していることも多い。

求職者から「会社は写真で選んでいるのですか？」と質問を受けたことがあ

るが、写真も採否の判断をする上でのポイントになることは事実だ。

写真から応募者の仕事への意気込みや組織適応力を読み取ることができる。写真を見ただけで、悪徳で名高い政治家などは想像できるように、応募者の人となりも写真からイメージできるのだ。仕事は一人で行うものではなく、組織力を活かして利益を生んでいくものである。優秀な能力であっても、人間性に問題があれば、能力を活かすことはできない。写真から読み取れる人相は、実際に面接をしてもぶれることはあまりない。採用担当者が写真を見て感じる直感について、なぜそのように感じるのか、意欲、人となりといった角度から分析してみよう。

写真の貼り方もチェックする。貼付のスペースに収まっていれば問題はないが、写真の大きさが異なるようでは、雑な仕事をする応募者かもしれない。

仕事で成功する人材は、良好な人間関係を築き、周囲から協力を得られる人だ。写真からやる気や熱意を感じることができず好感を抱けない場合、仕事のスタンス、モチベーション、入社意欲、さらには組織適応力に問題がある可能性が高い。

家族が同居しているにもかかわらず、固定電話の番号が記載されていない

こんなことが読み取れる

- 同居家族との間に何らかの問題がある
- 家族が転職に反対をしている場合、内定辞退の可能性がある

履歴書に記載されている電話番号から、応募者の状況を読み取ることができる。一人暮らしであれば、携帯電話の番号しか記載されていなくても不思議ではない。しかし、結婚していたり、住居が実家で家族と暮らしていたりするにもかかわらず、固定電話の番号が記載されていないのであれば、記載しない事情を考えてみる必要がある。

結婚をしていて家族と暮らしているのであれば、通常は固定電話を設置している。あえて記載しない場合、「転職について家族の理解を得ていない」「家族に秘密にしている」あるいは「前職を退職したことを家族に伝えていない」など、家族には内密に求職活動をしている可能性がある。応募者本人さえよければ問題ないという考えもあるが、内定を出しても配偶者が反対しているという理由で辞退するケースもある。また、前職を退職したことを家族に伝えられない事情も理解できないことはないが、秘密主義の人は自社の仕事においても、都合の悪いことは伏せてしまう可能性がある。

家族と共に暮らしていながら固定電話の記載がない場合は、面接で固定電話の有無について確認をしてみよう。「不在にすることが多いから……」という理由であれば、家族とうまくいっておらず、別居している可能性もある。このときは応募者の回答だけでなく、回答時の表情から本音かウソかを見極めることも必要だ。

入社意欲が高い応募者は、企業からの連絡手段についても、きちんと記載するはずだ。固定電話を所持していることで、定住していることをアピールする応募者もいる。固定電話を所持していることが、即、信頼できる人材とはいえないが、固定電話がありながら、あえて公表しないようでは、プライベートにおいて何らかの問題を抱えている可能性がある。

学歴で中退、留年の理由が記載されていない

こんなことが読み取れる

- 仕事以外のことに興味があり、力を注いでいる
- 忍耐力や協調性に欠けるため、転職を繰り返す

学歴欄で中退もしくは留年しているにもかかわらず、理由が明記されていない場合、応募者自身に何らかの問題があることが多いと考えるべきだ。転職では、学歴以上に職務経歴を重視するため、中退や留年をした正当な理由が簡潔に記載されていればそれほど気にする必要はない。だが、理由も何も記載せず、ただ中退と書かれている場合、伝えにくいことは伏せてしまうという傾向が応募者に読み取れる。

留年は、学歴の在籍期間をチェックしなければ、見落としてしまう可能性がある。大学であれば4年間（年数では足掛け5年）の在籍が通常だが、留年した理由が記載されていない場合は、学力もしくは出席日数に問題があった可能性がある。

「演劇に打ち込んでいました」など、学業と関連性がない理由を挙げることとも多いが、このような場合は現在の志向についてチェックする必要がある。何も記載されていない場合にも、現在もそうした活動を継続している可能性があり、仕事に集中できないことを疑ってみる。

中退や転職回数が多い応募者は、忍耐力に欠けている、あるいは周囲の人と協調できないといったタイプであることも多い。すぐに諦めてしまうタイプでは、厳しい企業社会では生き残ってはいけない。応募者にとって過去を消すことはできないが、現在と将来についてどのように自覚をしているかを見極めなければ、自社に入社してもすぐに辞めてしまう可能性がある。

長々と言い訳がましく中退や留年の理由が記載されている場合は、仕事でも言い訳をするタイプだ。「自分は悪くない」と正当化するだけでは、企業にとって何らプラスにはならない。ネガティブな過去の経験であっても、プラスに捉えていこうとする姿勢が求められる。

学歴や職務経歴で、学校名や勤務先名が正式名称で記載されていない

こんなことが読み取れる

- 仕事が雑で、気分にムラがある
- 第一志望ではなく、自社への熱意が弱い

学校名や勤務先名が正式名称で記載されていない場合、応募者の求職意識が低いか、文章作成能力が劣ることが想像できる。たとえば、「△△高校」「㈱○○商事」と記載されていても内容は理解できるが、正式文書として提出するのであれば、「△△高等学校」「株式会社○○商事」と書くべきだ。学校名や勤務先名を略して記載することから、正式な文書として提出する意識に欠け、求職意欲も低いことが考えられる。

求職意欲が高くてもビジネス文書についての知識がないために、略称で記載していることもある。このような応募者は、会社名で送付する封筒にも「御中」ではなく、「様」や「殿」と書いて送付するだろう。

略して記載されている履歴書は、さらに応募者の字体にも着目してみよう。雑な走り書きで学校名や会社名を略している応募者は、自社が第一志望ではないか、求職意識に問題のある可能性もある。このような応募者は、職務能力が優秀であっても相手に対して思いやりの持てない自己中心的な性格の可能性が高い。どうしても入社したい企業には、一語一句丁寧に書き、そうでない企業に対して雑に書くようでは、対人関係でも自分にとって有利な相手には媚びへつらうが、そうでない人には冷たく接するタイプだ。

応募者によっては、不採用が続き自暴自棄になって記載しているのかもしれないが、置かれている状況に左右され、雑な応募書類を作成するようでは、気持ちにムラがあり業務に支障をきたす可能性もあるといえる。

採用担当者は、履歴書が正式文書であることを自覚した上で、応募者の履歴書に対する姿勢、そして、その本質を見極める必要がある。たかが学校名と考えてはならないのだ。

入学・卒業年度が間違って記載されている

こんなことが読み取れる

- 注意力に欠け、チェックをせずに履歴書を提出している
- 職務経歴の経験期間も異なっている可能性がある

学歴に記載された入学・卒業年度をチェックする。転職者採用では職務経歴を重視するあまり、学歴の入学・卒業年度まで注意を払わない採用担当者がいる。通常、中学校入学年度は、生まれた年から13、高等学校は16、大学は19を加えた年度になる。採用担当者であれば、入学・卒業年度早見表を手元に置いて確認するくらいの慎重さが大切だ。

学歴が誤った年度で記載されている履歴書は、職務経歴の在籍期間についても疑わしい。大学卒業年度が1年早く記載されていれば、職務経歴の在籍期間が実際よりも1年増えている可能性がある。在籍期間が1年違うことは、中途採用では重大な問題になる。10年以上前の職務経験であれば、間違う可能性も否定はできないが、数年前の勤務についての在籍期間が間違っているのは、故意に記載している可能性もある。

応募者が「転職だから」と考えて、入学・卒業年度に注意を払わず記載するようでは、仕事においても注意力や計算力が劣ることが予測できる。

提出した履歴書に間違いはないと考えている応募者は多いが、故意ではなくても入学・卒業年度の誤りは意外に多い。もし、間違いを発見したら面接で入学・卒業年度の間違いについて指摘をして、応募者の対応をチェックしよう。不意に指摘されたことに動揺し、何もできない応募者では入社後の仕事でのトラブルにも充分に対応できない。

「申し訳ありません。勘違いしていました」と誤りを認めて、すぐに訂正したものを提出したいと申し出る応募者であれば、採用後も期待が持てる。採用のプロとして、数字の誤りについては厳密にチェックする癖をつけるようにしよう。数値面を読み込むことで、入学・卒業年度以外にも、職務経歴における売上や実績などの数字の矛盾を見極めることができる。

■卒業年度早見表 2

※早生まれの場合はその前年と同じになる

生まれ年	小学校卒業	中学校卒業	高校卒業	大学卒業
昭和 52 年 1977 年	平成 2 年 1990 年	平成 5 年 1993 年	平成 8 年 1996 年	平成 12 年 2000 年
昭和 51 年 1976 年	昭和 64 年 ／平成元年 1989 年	平成 4 年 1992 年	平成 7 年 1995 年	平成 11 年 1999 年
昭和 50 年 1975 年	昭和 63 年 1988 年	平成 3 年 1991 年	平成 6 年 1994 年	平成 10 年 1998 年
昭和 49 年 1974 年	昭和 62 年 1987 年	平成 2 年 1990 年	平成 5 年 1993 年	平成 9 年 1997 年
昭和 48 年 1973 年	昭和 61 年 1986 年	昭和 64 年 ／平成元年 1989 年	平成 4 年 1992 年	平成 8 年 1996 年
昭和 47 年 1972 年	昭和 60 年 1985 年	昭和 63 年 1988 年	平成 3 年 1991 年	平成 7 年 1995 年
昭和 46 年 1971 年	昭和 59 年 1984 年	昭和 62 年 1987 年	平成 2 年 1990 年	平成 6 年 1994 年
昭和 45 年 1970 年	昭和 58 年 1983 年	昭和 61 年 1986 年	昭和 64 年 ／平成元年 1989 年	平成 5 年 1993 年
昭和 44 年 1969 年	昭和 57 年 1982 年	昭和 60 年 1985 年	昭和 63 年 1988 年	平成 4 年 1992 年
昭和 43 年 1968 年	昭和 56 年 1981 年	昭和 59 年 1984 年	昭和 62 年 1987 年	平成 3 年 1991 年
昭和 42 年 1967 年	昭和 55 年 1980 年	昭和 58 年 1983 年	昭和 61 年 1986 年	平成 2 年 1990 年
昭和 41 年 1966 年	昭和 54 年 1979 年	昭和 57 年 1982 年	昭和 60 年 1985 年	昭和 64 年 ／平成元年 1989 年
昭和 40 年 1965 年	昭和 53 年 1978 年	昭和 56 年 1981 年	昭和 59 年 1984 年	昭和 63 年 1988 年
昭和 39 年 1964 年	昭和 52 年 1977 年	昭和 55 年 1980 年	昭和 58 年 1983 年	昭和 62 年 1987 年

■卒業年度早見表 1

※早生まれの場合はその前年と同じになる

生まれ年	小学校卒業	中学校卒業	高校卒業	大学卒業
平成4年 1992年	平成17年 2005年	平成20年 2008年	平成23年 2011年	平成27年 2015年
平成3年 1991年	平成16年 2004年	平成19年 2007年	平成22年 2010年	平成26年 2014年
平成2年 1990年	平成15年 2003年	平成18年 2006年	平成21年 2009年	平成25年 2013年
昭和64年 ／平成元年 1989年	平成14年 2002年	平成17年 2005年	平成20年 2008年	平成24年 2012年
昭和63年 1988年	平成13年 2001年	平成16年 2004年	平成19年 2007年	平成23年 2011年
昭和62年 1987年	平成12年 2000年	平成15年 2003年	平成18年 2006年	平成22年 2010年
昭和61年 1986年	平成11年 1999年	平成14年 2002年	平成17年 2005年	平成21年 2009年
昭和60年 1985年	平成10年 1998年	平成13年 2001年	平成16年 2004年	平成20年 2008年
昭和59年 1984年	平成9年 1997年	平成12年 2000年	平成15年 2003年	平成19年 2007年
昭和58年 1983年	平成8年 1996年	平成11年 1999年	平成14年 2002年	平成18年 2006年
昭和57年 1982年	平成7年 1995年	平成10年 1998年	平成13年 2001年	平成17年 2005年
昭和56年 1981年	平成6年 1994年	平成9年 1997年	平成12年 2000年	平成16年 2004年
昭和55年 1980年	平成5年 1993年	平成8年 1996年	平成11年 1999年	平成15年 2003年
昭和54年 1979年	平成4年 1992年	平成7年 1995年	平成10年 1998年	平成14年 2002年
昭和53年 1978年	平成3年 1991年	平成6年 1994年	平成9年 1997年	平成13年 2001年

職務経歴の退職理由がすべて「一身上の都合」と記載されている

こんなことが読み取れる

- 転職を繰り返すことに、問題意識を持っていない
- 会社から与えてもらうことを期待していて、忍耐力がない

記載された在籍企業が10年間に3社以上あり、すべてが「一身上の都合により退職」と記載されている場合、仕事の志向や忍耐力について疑ってみよう。業績不振や人員整理などのやむを得ない理由であれば一定の理解はできるが、10年間に3社以上で正社員として勤務していながら、すべて「一身上の都合」で辞めているようでは、自社に入社しても「一身上の都合」で辞める可能性が高い。

派遣社員や契約社員として勤務していた場合は、有期雇用のため3社以上勤務していることもあるが、派遣社員や契約社員でありながら「一身上の都合」と記載されている場合は、どの職場でも馴染めないか、職務能力に問題がある可能性が高い。有期雇用であれば「契約満了につき退職」と記載されているべきだ。

転職を繰り返し、どの企業も自己都合で辞めている社員の採用は、慎重に検討しよう。面接でそれぞれの企業の退職理由を確認し、どれも関連性のある理由で納得できるものかを見極める。

転職が当たり前の現在では「もっと自分に合う会社があるはずだ」と考え、転職を繰り返す人や、嫌なことがあればすぐに逃げ出してしまう人がいる。このような人は「一身上の理由」と、何ら抵抗感を持つことなく記載しているが、仕事へのスタンスが自己中心的であり、会社が何か与えてくれると考え、受身で仕事をすることが多い。

転職することへの意識は、転職理由、退職理由の文面に表れる。長々と退職理由を記載している応募者は弁解が多く責任感に欠ける可能性があるが、簡潔に記載している応募者は転職回数が多いことを問題として捉えていないか、あえてネガティブな理由を伏せている。自社で必要とする職務能力を満たしている場合は、面接で退職理由について確認することが重要だ。

提出された履歴書が汚れていたり、欄外に鉛筆での記入跡が残っている

こんなことが読み取れる

- 繊細さに欠け、提出書類が汚れていても気にしない
- 他社で不採用になり、履歴書を使い回している可能性がある

履歴書が汚れていないかチェックしてみよう。不採用が続くと写真代も馬鹿にならず、不採用で返送されてきた履歴書を使い回す応募者がいる。汚れた履歴書の日付が自社の求人広告掲載前で、エンピツで書いた×印などを消した後があれば、他社から返却された履歴書の使いまわしである。

このような応募者は、残念ながら職務能力が劣り、入社意欲に欠けていることが多い。不採用が続くため意欲が失せてしまい、なかには自分の能力を顧みず、企業不信になっていることも多い。

応募企業への思いが強い応募者は、履歴書送付にも気を使う。折れ目がつかないよう定形外の封筒を使用し、さらに汚れがつかないようクリアファイルに入れて送付してくる。多少汚れていても気にすることなく送付する応募者は自社への入社の熱意に欠けるため、内定しても迷いが生じて入社しなかったり、入社しても短期間で辞めてしまったりすることが多い。

履歴書を封筒から出すとき、応募者の気持ちを読み取ることができる。ぜひとも入社したい気持ちであれば、履歴書は真新しく丁寧に記載されている。一方、「どうせ今度もダメだろう」と考えて応募する人の履歴書は、封筒を開封したとき、新鮮でさわやかな気持ちになれない。たぶんに感覚的な問題ではあるが、履歴書を読む前にすでに採否の予測ができてしまう。

履歴書に書かれている期日や消しゴムの消し跡を確認する。他社で不採用になった履歴書をそのまま送付するような応募者であれば、採用しても取り繕うことだけを考えており、意欲的に仕事に向かい合うことは期待できない。履歴書は記載されている中身だけでなく、封筒を開封したときに感じる違和感からもいろいろと読み取れるのだ。「どうしても入社したい」応募者の気持ちを、履歴書から感じ取ろう。

学歴や職務経歴に6カ月以上の不明なブランク期間がある

こんなことが読み取れる

- ブランク期間にアルバイトを含めて、他社に勤務している
- 自社に関連性のない資格取得の勉強をしている

職務経歴にブランク期間がある応募者がいる。特に理由を記載せず、6カ月以上のブランク期間がある場合、その理由を確認する必要がある。ブランク期間中に求職活動をしてきたが、どの企業にも採用されなかったり、企業へ転職したがすぐに辞めていたりすることが考えられる。求職活動がうまくいかないため、現在もアルバイトで生活していることもありえる。

自社で必要とする資格などの勉強をしていたならば、積極的にアピールするだろうが、関連性のない資格のための勉強を続けてきたならば、何も記載しないだろう。また、前職を鬱病などの理由で退職して治療を受けていたり、失業給付金が支給されている期間は積極的に求職活動していなかったことも考えられる。いずれにしても採用担当者は、長期間のブランクについて注意を払う必要がある。他社に在籍していた場合でも、短期間で退職していれば雇用保険などの手続きが行われていないため、応募者は記載する必要がないと考える。採用担当者が考える以上に応募者は転職回数を気にしており、短期間で辞めたことで経歴に傷がつくと考えているのだ。

また、ブランク期間を伏せて履歴書を作成する応募者は、実務能力に自信がないため書類で良く見せようとする意識が強い。不利になる要素を隠して、何とか採用にこぎつけたいと考えている。

厳しい雇用情勢でも、積極的に転職活動を行えば3カ月程度で何らかの結論が出る。どうしてもうまくいかないため、職種や業界を変更する応募者もいるので、ブランク期間から応募者の仕事の志向を探る必要がある。

数年間にわたって職務経験がない場合、短期間で戦力として使えるかどうか、充分見極めてみよう。

自社ならではのアピールすべき志望理由が記載されていない

こんなことが読み取れる

- どの企業でも通用する志望動機の応募者は、自社が第一志望ではない
- 具体的に貢献できることが記載されていない場合、実務能力が劣る

履歴書に記載されている志望動機が、自社だからこそ通用する志望動機かどうかを見極める。「前職の経験を活かして頑張ります」など、どの企業でも通用するような志望動機であれば、自社が第一志望ではなく、押さえとして応募している可能性が高い。

第一志望であっても、自社だからこそやりたいことや貢献できることが記載されていない場合、本人のやりたいことが明確でないため再び転職を繰り返すことが多い。志望動機では、自社で発揮できる強みを認識しているか、自社だからこそ入社したい理由が具体的に記載されているかどうかを見極めることが大切だ。

不採用が続いている応募者は企業研究が疎かになり、応募企業にあった志望動機を記載することができない。「経理の経験があるから応募した」など、どの企業でも構わないような志望動機ならば、時間を割いて面接を行う価値はない。

反対に、応募企業への熱意があまりにも強く、志望動機を狭いスペースにぎっしり書く応募者がいるが、期待が大きいことも入社後のミスマッチングの原因になる。転職をすれば人生が変わるくらいの気持ちで入社する応募者は、考えていた業務と少し違うだけで失望してしまう。自分がやるべきことを棚にあげて、会社が何もしてくれないと嘆くケースもある。

中途採用は新卒採用と異なり、憧れだけの志望理由は通用しない。自社の業績がよいから応募したという理由では、業績が悪くなれば辞めてしまう社員だ。

自社を冷静に把握し、今までの経験をどのように活かせるか具体的に記載している応募者であれば、ぜひ面接で応募者の本質を見極めよう。

自己ＰＲの内容が曖昧である

こんなことが読み取れる

- プレゼンテーション能力に乏しい
- 応募企業で貢献できることを認識できていない

中途採用の場合の自己ＰＲでは、自社で求める実務面との関連性について見極める。履歴書の自己ＰＲ欄はよいことしか記載されていないと考え、重視しない採用担当者もいる。しかし、それほど広くないスペースでどのように応募者がプレゼンテーションをするかは、応募者の能力をチェックする上でも重要な項目だ。

記載内容が曖昧な場合、やりたいことや自分の特性を把握していない可能性がある。アピールできる材料がないと考えている応募者は、仕事への姿勢が受身であり、自ら積極的に行動しようとはしない。年齢が25歳以下であれば実務経験が乏しいこともあり、自己ＰＲ欄に学生時代の経験をアピールすることも理解できないわけでもない。しかし、実務経験が短くても求職を真剣に考えている応募者であれば、携わってきた仕事から自分の「ウリ」となる強みを見出し、アピールできるはずだ。転職支援をしていると、求職者の多くが自己ＰＲで書く内容がないと苦しんでいる。やりたいことやできることが明確ではない応募者は、自己ＰＲの材料が見出せないのだ。自己ＰＲ欄が空欄、もしくは数行しか記載されていない場合、自信を喪失している可能性がある。不採用が続き、アピールできるものがないと嘆いているのだ。

中途採用は前職の経験を強みとして、応募企業へ積極的に自分を売り込むような応募者でなければ、戦力として使えない。他の応募者に打ち勝ち、採用されたいという強い意志があれば、過去の経験を振り返り、何としてでもアピールするはずだ。

応募企業に向けた自己ＰＲではなく、曖昧な内容であれば、転職関連書籍やインターネットの転職サイトなどに掲載されている内容をそのままコピーしている可能性もある。文面からぜひとも会ってみたいと感じられる応募者は、応募者自身が活躍する姿を自己ＰＲ欄からイメージできる。

多分野にまたがる資格を多数取得している

こんなことが読み取れる

- 職務能力に自信がないため、資格武装をしている
- 自社の業務が第一志望ではなく、別の志向がある

履歴書の資格欄で、自社の業務に関連性のない資格が羅列されている場合、応募者がなぜ自社を志望するのか見極める必要がある。

関連性のない資格を列記している応募者は、やりたいことが明確でないか、やりたいことを実現できないために自社を希望している可能性が高い。本来、応募企業に関連のない資格は記載しないことが一般的だが、あえて記載している意図について考えてみよう。アピールできる材料がないため、深く考えず記載している応募者は、職務能力に疑問を持つべきだ。一貫性のない資格を羅列している応募者は、仕事に集中できず、資格取得を目指すことで、仕事の厳しさから逃避していることも考えられる。職務経験に自信がないため、

資格でカモフラージュしていることもある。

資格が多岐にわたる応募者は、自社に入社しても、資格取得の勉強をすることで気持ちを紛らわし、残業などに支障を与える可能性もある。

仕事で必要な資格を所持している応募者は見所があるが、多くの関連性のない資格まで記載しているようでは、資格マニアかもしれない。

多くの資格を列記している応募者は、器用貧乏であることも考えられる。何をやっても一定の水準まではいくが、もう一歩踏み出せない人材だ。仕事においてもある程度の線まではできるが、そうすると今度は他の分野に興味を抱き、それまでの熱が一挙に冷めてしまう。

社員に求められる能力のひとつは、継続して力を高めていく能力である。優秀な学歴や一流企業出身であっても、継続性や持続力に欠ける応募者は、自社で活かせる人材にはならない。

応募者は特に意識せず、資格を列記しているかもしれないが、多岐にわたる資格から応募者の本質を読み取ろう。

士業の資格取得を目指している・目指していたと記載されている

こんなことが読み取れる

- 士業の資格を目指して取得できていない人は、定着しない可能性が高い
- 資格取得を「断念した」という一文が含まれていない場合、諦めていない

ブランク期間に、税理士や社会保険労務士などの資格取得のために勉強してきたと記載されている場合も、注意が必要だ。資格の知識が自社で活かせない場合は、資格取得後に再び転職する可能性が高い。取得できず応募している場合は、取得後のビジョンについて確認する必要がある。

資格が取得できないため、やむを得ず就職という道を選んでいる応募者は、仕事に集中できず、業務に支障を与える可能性もある。いくら勉強熱心でも自社で活かせる知識でなければ、貢献できる人材にはならない。

士業だけでなく、公務員試験を目指してきた応募者についても、本人の意志を確認する必要がある。年齢制限で受検できなくなったため、民間企業を志望するようでは、仕方がないという気持ちが先に立ち、嫌なことがあれば「やりたいことではない」と逃げ道を作るに違いない。

過去を変えることはできないが、気持ちを切り替えることはできる。士業や公務員の夢がかなわなくても、志を新たにし履歴書を記載する応募者は、志望動機や自己ＰＲにおいて今まで学んだことが希望職種といかに関連するか、そして、どれだけの知識を身につけたかアピールするはずだ。

今後のビジョンについての記載もなく、資格取得や公務員についてどのように考えているのかも曖昧な応募者は、諦めきれていないことが多い。転職では少なからず「こんなはずでは……」と入社後に考える応募者が多いが、入社時から、仕方がないという気持ちで入社するようでは、入社後の活躍は期待できない。

履歴書に記載されている文面から、応募者の本音を読み取り、自社の業務に支障がないか検討しよう。

多彩な趣味が記載されている

こんなことが読み取れる

- 趣味が中心のライフスタイルで、仕事に集中できない
- 仕事でアピールする材料を持っていない

履歴書に記載されている趣味について、注目してみよう。仕事オンリーではなく、趣味を持つことで気分をリフレッシュできることもある。しかし、履歴書に多岐な趣味が記載されている場合、ライフスタイルが趣味中心である可能性も高い。趣味の野球のために休日出勤ができないようでは、本末転倒といえる。

趣味があることで幅広い人脈が期待できる反面、プライベート優先で業務に支障を与える可能性がある。

多岐にわたる趣味を記載する応募者の心理は、仕事でアピールする材料がないケースや、仕事から逃避していることが考えられる。多くの趣味を羅列

することがどのように受け取られるか考えられないようでは、業務においても求められていることを的確に理解できないだけでなく、良好な人間関係を構築することもできない。

履歴書は、結婚相談所でお見合いをするための書類ではない。仕事をするために企業に採否を検討してもらうための書類であれば、趣味に没頭している姿勢をアピールすることは、根が正直なのか、仕事に興味を持っていない応募者といえる。

スペースをとにかく埋めなくてはならないと考えて、履歴書を作成する応募者がいる。趣味に関する記載でもこのような応募者の履歴書は、アピールしたい内容が曖昧で、会ってみたいと思わない。できる人は、趣味においても仕事で活かせる取り組み方や人脈などを、さりげなく記載している。趣味を単語だけで羅列している求職者は、何らかの趣味を記載しなければならないと考え、思いつきで記載していることも多い。たとえば、本当に泳ぐことが好きな人は、ただ「水泳」とだけでなく、「1日1000メートル泳ぐ」などと具体的に記載する。

修正液や修正テープが使われている

こんなことが読み取れる

- 仕事が雑で、ビジネスマナーを心得ていない
- 第一志望でない、または不採用が続いており、やる気がない

誤字や脱字を修正液で訂正している履歴書を送ってくる応募者は、求職意欲に乏しく、他社も不採用になっていると考えるべきだ。正式に提出する書類を修正液で訂正すれば問題ないと考えていること自体、評価する価値がないともいえる。

数多くの企業へ応募している求職者であれば、履歴書の費用も馬鹿にならず、間違ってしまってもそのまま使用したい気持ちにもなる。しかし、修正液で訂正すれば問題ないと考えるのは、ビジネスで問題を起こしても、うやむやにしてしまうタイプに違いない。

採用担当者は、修正液を使用した僅かな訂正も見逃してはならない。自社が求める能力があるからと面接しても、応募者の求職意欲が低ければ、辞退される可能性が高い。仮に採用しても、丁寧な仕事を期待することは難しい。

履歴書が会社独自のオリジナルフォームであれば、書類が間に合わないという理由で修正することもあるだろう。その場合でも履歴書が正式文書だと理解していれば、二本線を引き、訂正印を押して提出するはずだ。さらに、添え状などで、記載間違いによる訂正を詫びるのが常識だ。

志望動機や自己PRで素晴らしいことが記載されていても、仕事のスタンスに問題がある応募者は、入社後、不平不満が多く定着しない。

新卒採用であれば時間をかけて教育することも可能だが、即戦力として期待される中途採用でビジネスマナーを心得ていないようでは、社内だけでなく社外でも問題を引き起こすだろう。

取引先に提出する契約書を、修正液で訂正するような社員であれば、対外的な信用を失うことが目に見えている。採用担当者は修正液で訂正している履歴書であれば、改めて提出を求めるくらいの毅然とした態度で臨もう。

給与・待遇などの入社時の希望条件に固執する

こんなことが読み取れる

- 実力に不安があるため、採用時の条件にこだわる
- 金銭面の問題を抱えていて、条件面の優先順位が高い

書類選考の段階で条件に固執している応募者は、よい条件を求めて転職を繰り返す可能性がある。実力があるから希望条件を提示していると考えるかもしれないが、面接前の段階で条件面にこだわる応募者は、むしろ実力がなくて、実力が判明する前に希望条件をクリアしておきたいと考えている。

実力があり応募企業へ本気で入社したいと考えていれば、希望条件を提示するにしても、企業にとって欲しい人材だと面接で思わせてから、条件を提示する。

履歴書で希望条件を固持している場合、思い込みが強く柔軟な対応ができない可能性がある。生活のこともあり希望条件を提示したい気持ちも理解で

きる。しかし、「〜でなければならない」と条件面に固執する人は柔軟な発想ができず、初任給だけで仕事を考えてしまう。気持ちに余裕がなく条件面にこだわる人は、仕事をお金で捉えており、やりたくない仕事はやらないといった頑固な一面もある。

求人募集で提示している条件以上の希望を提示する応募者は、実力を過信していることが多い。前職の経験が長いため高い給与を得ていても、転職先では実力がわからない新入社員であることを理解していないのだ。

さらに希望給与にこだわる求職者は、借金やローンを抱えている可能性がある。記載されている希望条件で採用できるのであれば、実力と照らし合わせ面接を行うべきだが、能力的に他の応募者とそれほど相違がないようであれば、書類で不採用にしても構わない。

条件面にこだわる求職者の希望を満たしても、満たされたことは数カ月もしないうちに忘れてしまい、さらに要求してくるケースもある。

書類選考の段階で条件面に固執する応募者は、他の応募者の能力と充分比較検討した上で、採否の判断しよう。

通勤できない遠隔地から応募している

こんなことが読み取れる

- 曖昧な志望理由であれば、個人的な理由で遠隔地を希望している
- 理由を明記していない場合、本気で転職を考えていない

「遠隔地からわざわざ当社へ応募してくれるなんて……」と感激する前に、応募者の本音について分析してみる。通勤圏内では、やりたいことが実現できず、遠隔地であっても応募企業だからこそ入社したいという熱意あふれる応募者もいる。しかし、多くは「彼（彼女）と暮らしたい」「結婚相手が住んでいる」「地元では採用されない」「地元では求人件数が少ない」「離婚、別居を考えている」などが本当の理由であり、就職は自社でなくても構わないケースが多い。

通勤圏外からの応募で特にその理由を明記していない場合、応募者個人の事情からであり、その事情にはできる限り触れてほしくないと考えている。

「都内で技術を学びたい」という理由も、技術を習得すれば、新たな技術を求めて転職していく可能性がある。

実力のある応募者は、遠隔地からの応募について、もう転居先も決まっているなど、具体的に明記して応募してくることが多い。遠隔地からの応募について何も触れていない場合、本気で転職を考えていないことも予測できる。現実から逃避したいため、何気なく見た求人サイトから応募をしているようでは、企業が採用したいと考えても、いざ入社となると躊躇することが多い。

遠隔地の企業を志望する理由が明確で、納得できるものでなければ、手間隙をかけて面接を行っても、「ぜひとも採用したい」という考えには至らないだろう。

遠隔地から応募することが悪いわけではないが、本気で遠隔地の企業へ入社したい意思を感じなければ、仕事に関連しない転居理由があると考えて間違いない。本気か一時的な迷いなのかは、「なぜ遠隔地を希望するのか?」についての記載があるかないかで見極めよう。

パソコンで作られた履歴書に市販の履歴書にある項目がない

こんなことが読み取れる

- 求職者に不利な項目を削除したいと考えている
- パソコンスキルをアピールしたいと考えている

履歴書について特に指定がない場合、パソコンで作成したオリジナルの履歴書を提出する応募者がいる。市販の履歴書と同じフォームをインターネットからダウンロードして作成した場合は、記載項目にも大きな違いはない。しかし、応募者が自分で作った履歴書を提出する場合は、記載されている項目自体についてもチェックが必要である。

オリジナルの履歴書には、書きたくない項目を削除できるメリットがある。既存の履歴書では、書きたくない項目は空欄にするか、無理にでも書かざるをえないが、オリジナルの履歴書であれば項目自体を削除し、書きたくないことは記載せずに提出することが可能だ。

履歴書をパソコンで作成する意図は、手書きの履歴書は間違えたら書き直す必要があるが、パソコンであれば修正だけで済むところにある。なかにはパソコンスキルをアピールできると考え、提出する者もいる。

市販の履歴書用紙には配偶者欄があるが、もし結婚について記載したくないと考えれば、配偶者や扶養についての項目を削除する。市販の履歴書用紙では、自己ＰＲ欄が広くてスペースを埋められないと考えて、パソコンで作成する場合もある。記載する、しないは応募者の自由だが、伝えたくない情報を伏せて作成するようでは、仕事のスタンスもミスを隠してわからないように処理する可能性が高い。既存の履歴書用紙を使わず、オリジナリティを打ち出したい気持ちも理解できるが、個人で行う仕事ならばともかく、組織力を活かす仕事であれば、協調性や順応性で問題が起きることもある。

パソコンで作成した履歴書だから悪いというのではなく、意図的に情報を伏せていないか見極めない限り、応募者の本質を理解できないところに問題がある。できる応募者は、市販の履歴書と同様な記載項目を配し、さらに、文字のフォントや見出しなどの読みやすさにも配慮した履歴書を提出する。

パソコンで作られた履歴書で、勤務先や在籍期間が明確に記述されていない

こんなことが読み取れる

- 入社、退職時期を曖昧にしたい意図がある
- 勤務先名や短期間で転職を繰り返していることを知られたくない

市販の履歴書はフォームが決まっていて、会社ごとに在籍期間なども記載しなければならないが、パソコンで作成したオリジナルの履歴書では、勤務した企業名を目立たせないように、職務能力にまとめて記載することが可能だ。職務能力を強調することで勤務先名を目立たなくし、勤務先名を伏せて、「他」としてしまう求職者もいる。

採用担当者は必要な情報が記載されているか、履歴書から見極めることが大切だ。各企業でどのような仕事をしてきたのか明確でない履歴書には、短期間で辞めていることや、転職回数が多いことを隠そうとする意図が感じられる。

別途作成する職務経歴書であれば、職務能力を強調しても構わないが、履歴書では、最終学歴(入学、卒業年度)、勤務先名、在籍期間(在籍年度)、具体的な職務については、最低限記載されていなければならない。

パソコンで作成した履歴書では見た目の綺麗さに惑わされ、履歴事項についてチェックが疎かになることがあるため、市販の履歴書以上に記載項目を見極めることが必要だ。

都合のよいことしか書かない応募者は自己中心的であり、弱みを見せたくない傾向があることを理解しよう。

勤続年度が曖昧なためブランク期間が不明な履歴書は、ブランク期間について偽っていることが多い。市販の履歴書では企業ごとに入社、退社時期を記載しなければならないが、パソコンで作成した履歴書では、複数の企業を一括して記載しているケースがある。このような場合は、伝えたくない情報があると思って間違いない。

パソコンで作成した独自性の強い履歴書は、職務経歴書との違いが明確でなくなり、履歴書として必要な情報を得られないことがある。

パソコンで作られた履歴書で、年齢や現職の勤続年数が間違っている

こんなことが読み取れる

- 長期間転職活動をしており、結果が出ない
- 仕事のケアレスミスが多く、受身で仕事をする

パソコンで作成した履歴書は、保存しておけば何度でも使用できるため、過去に使用した履歴書をそのまま提出しがちである。

長期間にわたって求職活動をしていて求職に対する意欲を失っている場合、データを頻繁には更新しなくなる。求職活動がマンネリ化している応募者は、履歴書を新たに改善しようとする意識が薄く、「どうせ今度もダメだろう」と考え、応募企業への熱意もない。

志望動機や自己PRでもっともなことが記載されていても、過去に応募したものを修正せず、そのまま送付するようでは、自社に入社しても活躍できる人材にはならない。

どうしても入社したい企業であれば、提出する書類を何度も読み直し、誤りがないかチェックするはずだが、年齢や勤続年数の誤りに気がつかず、平然と提出するようでは、仕事においてもミスをする可能性が高い。

求職活動がうまくいかない状況であればこそ、提出書類をブラッシュアップする積極性が求められる。ところが、旧態依然とした履歴書を提出し、かつ記載内容が古くなっているようでは、自社においても受身の仕事しかできないだろう。

履歴書の志望動機や自己ＰＲ欄から、自社だからこそ入社したいという意欲が感じられなければ、どの企業にも同じ履歴書を提出し、不採用が続いていることが予測できる。

過去に作成した履歴書を使い回しているかどうかが、ケアレスミスから読み取ることができる。改善意識が弱い応募者は、履歴書作成においても、一度作成したものを修正しようとはしない。

パソコンで作られた履歴書で、写真の貼付スペースがない

こんなことが読み取れる

- 応募企業が多いため、写真代を節約している
- 容姿に自信がなく、不採用になっている要因と考えている

市販の履歴書では、写真を貼付するスペースが設けられているため、写真を貼らないと違和感があるが、パソコンで作成した履歴書では、写真を貼付するスペースを設けず、写真を貼らずに提出する応募者がいる。

写真を貼らずに提出する理由として、数多くの企業へ応募しているため、写真代がかさむことがあげられるが、第一志望ではないため、手を抜いていることも考えられる。

写真代を節約するため写真を貼付せず、パソコンに保存している写真をオリジナル履歴書に貼り付け、経費を節約している応募者もいる。履歴書のフォームを指定していない場合、写真を貼らなくても間違いではないが、経費を節約したい意図が明らかであり、「どうしても入社したい」という意欲を感じることはできない。

写真については、採用担当者が考えている以上に神経質な応募者がいる。不採用が続く求職者は年齢が高く写真で不採用になっていると考え、意図的に写真を貼付することを拒み、オリジナルの履歴書に写真を貼付しないで応募する。

日本では、履歴書に写真を貼付するのが一般的であり、写真を貼付しないで応募する人は、組織適応力に欠け、協調性がないこともある。「写真貼付と求人要綱に記載されていないから、提出しなかった」と言い訳をする応募者は、仕事においても屁理屈を言う可能性があり、人間性について充分に検討する必要がある。写真を貼付するのが常識だと主張するつもりはない。しかし、市販の履歴書では写真を貼付するのが一般的であり、パソコンで作成したオリジナル履歴書でも差異がないようにする配慮がなければ、組織で働くことは難しい。

履歴書がパソコンで作られている

こんなことが読み取れる

- 文書作成における基本的なパソコンスキルが表れる
- ビジネス文書に作成の知識を計ることができる

パソコンのスキルをアピールしたいと考えて、市販の履歴書を使わず、パソコンでオリジナル履歴書を作成する応募者がいる。事務職などのパソコンを使用する職種であれば、必要とされるパソコンのスキルをオリジナルな履歴書から見極めることができる。

パソコンのスキルが未熟な応募者は、全角、半角、書式の統一性がなく、読みにくい。また、スキルをアピールしようとするあまり、ビジネスでは必要のない記号を使ったり、改行がまばらで文字のフォントが読みにくかったりする履歴書を作成する。

読み手の立場になって作成されていない履歴書は、応募者の熱意を長文で

■ 代表的な履歴書・職務経歴書のパソコンスキルチェックリスト

● 1 段落の中で、行末の改行位置が不揃い ➡ 正しい段落の設定ができずに、毎行末に改行を入れている。
● 段落の行頭の位置が、段落単位で不揃い ➡ 正しい段落書式やタブの設定ができない、または段落書式のコピーができずに、段落単位に書式を設定し直している。
● 数字やアルファベットで半角、全角の使い分けがなされていない ➡ 文字のスタイルを統一する意識に欠ける。
● 行間が不揃い、文字の大きさと行間のバランスが悪い ➡ 正しい段落書式の設定ができずに、ソフトウェアの初期設定のまま使用している。
● 表組みの罫の高さが不揃い ➡ 正しい表組みの設定ができずに、ソフトウェアの初期設定のまま使用している。
● 表組みの項目内の文字の位置（右寄せ・中央・左寄せ」「上揃え・中央揃え・下揃え」）が不揃い ➡ 正しい表組みの設定ができずに、ソフトウェアの初期設定のまま使用している。

アピールしようとするが、理解に苦しむ文章であることも多い。見出しなどを立てずに、長々と記載されている履歴書では、自己中心的な応募者であり、自分さえよければいいという意図を感じる。

手書きの文字から応募者の性格や人間性が読み取れるメリットがあるが、パソコンで作成された履歴書でも、応募者のパソコンのスキルと特性を見極めることが可能だ。

30秒で応募者の履歴が理解できないような履歴書であれば、面接まで進まない応募者かもしれない。市販の履歴書は、フォームが決まっているため、オリジナリティは出せないが、パソコンで作成したものであれば、応募者のプレゼンテーション能力について見極めることができる。伝えたいことを的確に、かつ短時間で伝えることができる応募者は、パソコンのスキルがあり、読みやすさを意識して作成している。

記載内容に注目しがちだが、パソコンのスキルや応募者の特性について、オリジナルの履歴書から読み取ってみよう。

第2章 職務経歴書のウソを見抜く

職務経歴書のウソを見抜く23のポイント

職務経歴書は、履歴書と異なり通常フォームが決まっていないため、内容が誇張されているケースや、偽りが記載されていることもある。実務能力を職務経歴書から判断するため、応募者が記載しているウソを見抜けなければ、入社後ミスマッチングを起こす結果になる。一方で、初めて転職をする応募者のなかには、優秀な人材であっても職務経歴書を書いたことがなく書き方を理解していないため、書類だけで不採用にしてしまうこともある。

職務経歴書に記載されている応募者のウソや誇張を見抜けず採用してしまうことは、企業にとって大きな損失であり、極力防がなければならない。

職務経歴書のウソを見抜くためには、職務経歴書を記載している応募者の意図を探る必要がある。

本章では、職務経歴書の記載内容から読み取れる応募者の職務能力について、それぞれのケースに基づき考えてみよう。

■ 職務経歴書からわかる応募者の傾向

チェック項目	職務能力	事務能力	志望意欲	労働意欲	定着性
勤務した会社名と携わった仕事の内容が必要最小限しか記載されていない	●		●	●	
職務経歴に一貫性が見られない	●			●	●
職務経歴書を手書きで作成している		●	●		
職務内容などの記述がむやみに長文である	●				●
求める職務能力と記述内容との共通性が見出せない	●		●		●
5年以上の職務経歴がありながら、新人教育での受講内容が詳細に記載されている	●		●	●	
自社で活かせる職務経験がアピールされていない	●		●	●	●
職務経歴書の分量がA4サイズ4枚以上にわたる	●	●			●
職務経歴を会社単位ではなく職務能力単位でまとめている					●
複数の派遣企業をひとくくりで記載している	●				●
評価、実績、成功事例、仕事のスタンスなどが記載されていない	●		●	●	
30歳以上の応募者でマネジメントの経験が記載されていない	●	●	●	●	
「キャリアアップ」や「技術の習得」への希望を強調している	●		●	●	●
「頑張ります」「貢献します」と具体性がなく書かれている	●		●		●
書類に誤字、脱字が多い		●		●	
初めての転職で、前職の経験が10年以上ある					●
「年齢が高い」「経験がない」などのネガティブな表現がある	●		●	●	
業績不振による退職理由が2社以上ある			●	●	
職経歴書内に常体、敬体の文章が混在している		●			●
志望動機欄に「最後の転職にします」と記載されている			●	●	●
未経験の職種を希望していて前職の経験を強みとして記載していない	●		●	●	●
自社で「やりたいこと」「できること」が記載されていない	●		●	●	●
郵送された応募書類に添え状が添付されていない		●	●		

※ ●は職務経歴書からわかる、応募者が劣っていると思われる分野を示す

勤務した会社名と携わった仕事の内容が必要最小限しか記載されていない

こんなことが読み取れる

- アピール材料がないため、経験を羅列することしかできない
- 第一志望ではなく、求められている能力を把握していない

職務経歴書の記載方法に決め事はないので、勤務した会社名と仕事が書かれていれば職務経歴書としては間違いではない。しかし、携わった仕事を簡潔に記載しているだけの職務経歴書では、仕事に対して前向きに取り組んでいないことが想像できる。

特に、希望職種と関連する職務内容についても簡潔な記載であれば、職務についての能力が不足している可能性が高い。求職では、求められている職務をよく考慮した上でメリハリを付けて記載するはずだが、職務内容が求人要綱で公開されているにもかかわらず、それが簡潔な内容であれば、求めている能力を把握していないか、自社の職務にそれほどの興味を持っていない可能性が高い。

転職経験がない求職者のなかには、職務経歴書では携わった職務のみを記載し、実績、評価、工夫改善したことなどについて記載すべきではないと考えていることがある。勤続年数や経験から求める能力と合致することが期待できる場合は、面接で確認する必要がある。

受身で仕事をする人は、自ら積極的に職務経験や能力をアピールしようとしない傾向がある。携わった仕事を羅列し、採用担当者に必要な人材かどうかを選別してもらうといった意図の職務経歴書では、「できる人」として活躍することは期待できない。

自らアピールしようとしない姿勢の職務経歴書では、面接でも経験があるから応募したという淡白な回答しか得られないだろう。

記載内容が少ないからと簡単に切り捨てるのではなく、アピールする材料があるのにアピールしないのか、アピールする経験がないのか、もしくは入社意欲に欠けるのかを見極めた上で、採否を検討する必要がある。

職務経歴に一貫性が見られない

こんなことが読み取れる

- 職務能力が劣り、もっと自分に合う仕事があると考え、転職を繰り返す
- 仕事の面白みを見出せず、生活のために仕事をしてきている

職務経歴に一貫性が見られず、転職を繰り返している応募者は、自社に入社しても定着しない可能性が高い。

一貫性がないことを本人が自覚していて今後のスタンスなどについて説明している場合は、過去の経験を活かした上で、気持ちを切り替えて、今後はどのように仕事を捉えているかがポイントとなる。

多くの職種を経験している応募者は、何をやってもモノにならないか、器用なためすぐに仕事を覚えられるがすぐに飽きてしまうタイプだ。後者は、自社の業務についても短期間で習得できるかもしれないが、もっと他に自分に合う仕事があると考え、転職する可能性も否めない。

職務経歴に一貫性がない人は、移り気でやりたいことが曖昧なケースが多い。仕事に満足せず、仕事がうまくいかない原因が会社や社会にあると勘違いしている人もいる。

中途採用は新卒採用と異なり、過去の職務経験やスキルを評価し、自社において短期間で戦力として、その能力を活かす目的で採用する。社会人経験のない新卒採用であれば原石としての可能性に賭けてみることもあるが、多くの職種に携わっていながらも肝心な求める職務能力が不足しているようでは、中途での採用は難しいだろう。

やりたいことが曖昧な社員は嫌なことがあれば、すぐ諦め逃げ出すことが多い。自分に合っていないと結論づけることは簡単だが、仕事ができず逃避するための理由付けを行っている社員もいる。「20代は、多くの職種に携わり色々な経験をしたかった」と記載しているだけでは評価できない。

多くの職種に携わったことが自社においてどのようなメリットがあるかまで記載されていて、納得できなければ、職務経歴に一貫性のない社員の採用は控えたほうがいい。

職務経歴書を手書きで作成している

こんなことが読み取れる

- パソコンスキルに乏しい
- 他の応募者との差別化を考え、手書きで提出している

手書きで職務経歴書を作成すること自体は間違いではないが、他の応募者がパソコンで作成した職務経歴書を提出するなかで、手書きの職務経歴書は見劣りしてしまうことが多い。

パソコンで作成された職務経歴書は、履歴書と同様にパソコンスキルについてもチェックできるが、手書きの職務経歴書では、パソコンスキルについて疑問を持つべきだ。パソコンを必要としない職種であれば、手書きでも構わないが、パソコンを使用する仕事でありながら、なぜ手書きの職務経歴書を提出するのか見極める必要がある。

パソコンを所持しておらず、手書きで職務経歴書を提出する人がいるが、インターネットでの求職活動が一般的な現在、パソコンでの情報収集ができないような応募者であれば、仕事に対するポテンシャルにも不安が残る。

パソコンで作成した職務経歴書を提出する応募者が多いからこそ、他の応募者と差別化したものを提出したい意図で、手書きの職務経歴書を提出する応募者がいる。しかし、職務経歴書で重要なことは目立つことではなく、読み手にとって内容が理解しやすいことであり、明らかに目的を履き違えたものといえる。

初めて転職をする人は、職務経歴書とは何かを理解していないことも多い。理解していなければ、情報を収集する手段はいくらでもあるのだが、情報収集を怠り、勤務した会社を記載すればいいと安易に考えるようでは、転職市場を理解していないだけでなく、転職そのものに熱意がないのだろう。

わからないことがあれば、わかるように努力をするようでなければ、仕事のやり方も、「わからなければ、わからなくていい」というスタンスであろう。手書きの職務経歴書から、応募者の仕事のスタンス、志向について検討してみよう。

職務内容などの記述がむやみに長文である

こんなことが読み取れる

- 読み手の立場を考えず、自己中心的な傾向がある
- プレゼンテーション能力が劣っている可能性がある

長文で職務内容などを記載した職務経歴書は、一見すると熱意があるような印象を受けるが、見方を変えれば読み手の立場を理解せず、プレゼンテーション能力が欠乏している応募者だといえる。

長文で記載された文章を読んでも、多くは伝えたい主旨が理解できず独りよがりな場合が多い。このような応募者は思い込みが強く、求職を成功させたい気持ちは強いが、入社後思うようにいかないとすぐに熱が冷めてしまうことが多い。

「できる人」は、読み手の立場に立ち、文字量も考えた上で読みやすさを重視する。長文で記載する場合もスペースや見出しを設けてアピールする。

伝えたいことを一方的に長文でアピールする応募者は、熱意は認められても職務能力や人間関係に疑問がある。

記載されている内容が長文であっても、伝えたい主旨が伝わり、求める職務と関連性がある場合は、面接で職務能力の信憑性とともに、人間性についてもチェックしよう。入社したい意欲があることは歓迎すべきだが、思い込みが強いため、職務内容などで勘違いしている可能性もある。

長文で記載する応募者は、集団面接でも一人長々と語る傾向がある。周囲に気配りができず、場の空気が読めない人は、組織に馴染めず実力を発揮できないことも多い。

長文の内容について、伝えたい主旨を見極めてみよう。自己中心的な内容で、自分の将来像などが強調されている場合、キャリアアップ志向が強く、企業貢献についてそれほど重視していない。長文で記載されているからといって切り捨てる必要はないが、企業貢献のスタンスで記載されているかどうかを見極めることが重要だ。

求める職務能力と記述内容との共通性が見出せない

こんなことが読み取れる

- 「教えてもらう」「入社して覚える」スタンスで応募している
- 志望意欲が欠乏しており、第一志望ではない

職務経歴書から自社で求める職務能力との共通性や関連性が見出せない場合、自社への志望意欲が欠乏している可能性が高い。昨今の厳しい雇用情勢では、数十社応募しても面接までたどりつけない求職者も多い。書類選考が突破できないのであれば、応募書類や志望企業についての再検討が必要だが、自信を喪失し「どうせダメだろう」という気持ちになると、そうした見直しを怠るようになる。

不採用が続く求職者は、採用担当者が考えている以上に自信を失い、積極的な求職活動ができなくなる。職務経歴書に、応募企業で発揮できる職務経歴の強みを記載しなければ、採用されないことは理解していても、応募でき

る企業がないなどの理由で、売り込む意欲が欠けている。

中途採用では、未経験の職種を希望する場合でも、前職の経験から活かせる強みがある必要があるが、前職との関連性や強みを見出せないようでは、短期間に戦力として活躍することはできない。

一方、職務経験からそれほど関連性を見出せないのに、経験豊富なように偽る応募者も問題だ。採用されたいために、僅かな経験でも誇示して記載する応募者もいるので、記載されている内容から応募者の本質を見極めなければならない。入社後覚えていくというスタンスで、関連性のない職務内容を記載する応募者もいる。自ら覚えようとする意志を感じない職務経歴書であれば、残念ながら面接を行っても採用できない可能性が高い。

求められている職務を把握できない応募者は、仕事においても「何をやるべきか」を理解できない応募者だ。厳しい経済状況のなかでは、自ら積極的に行動する意欲のない社員では人件費が高騰するだけで戦力にはならない。

5年以上の職務経歴がありながら、新人教育での受講内容が詳細に記載されている

こんなことが読み取れる

- 実務面でアピールできるものを持っていない
- 受身で仕事を捉えており、中途採用でも充実した教育を望んでいる

職務経歴書の記載方法が自由であれば、応募企業で発揮できる能力を強調して記載すべきだが、5年以上の職務経験がありながら、新人教育で受講した内容などを詳細に記載している応募者がいる。

時系列で丁寧に記載されていると感じる採用担当者がいるかもしれないが、実務経験が5年以上あれば、新人教育の内容などは採否を判断する上でそれほど重要ではない。丁寧に長々と記載している職務経歴書を評価するのではなく、あくまでも自社で能力を発揮できる人材かどうかを見極めなければならない。

新人教育を詳細に記載している応募者は、求められている職務を把握していない。新人教育の内容が自社で活かせるものでなければ、割愛しても構わないもののはずだ。

新人教育を詳細に記載する応募者は、応募企業においてもきちんと教育してくれるものだと考えている。中途採用では、即戦力としての能力を求めていることを理解していないのだ。

中途採用では、さまざまな年代の求職者が応募してくるが、実務面でアピール材料が乏しい25歳以下の求職者であれば、新人教育を受講していることもアピールする。しかし、勤続5年を超える応募者であれば、応募企業で発揮できる能力を積極的にアピールするようでなければ、採用しても新卒と変わらない。

新卒教育と同様に、勤続5年以上でありながら学生時代の経験をアピールする応募者がいる。研究職などで、大学での研究が応募企業で活かせる場合は一定の評価ができるが、一般的には中途採用で学生時代についてアピールするようでは、実務面でアピールする材料がない応募者だと判断すべきだ。

自社で活かせる職務経験がアピールされていない

こんなことが読み取れる

- 自己分析ができていないため、強みを把握していない
- 採用担当者に強みを見出してもらう依存型の求職者である

自社で活かせる職務経験が強調されていない場合、入社意欲が強くないか活かせる職務経験がないと考えるべきだ。最近は、ハローワークなどでも職務経歴書の書き方をアドバイスしている。職務経歴書の書き方について書籍も売られているし、インターネットで情報も得られる。このような状況でありながら応募職種で活かせる職務経験が記載されていないようでは、求職に対する意識が低いと考えられる。

職務経歴書を見極める上で、募集する側でも自社で求めるスキルや経験について具体化する必要がある。求める職務能力が曖昧であれば、選考基準も曖昧になる。体裁のよい職務経歴書が、採用したい職務経歴書ではないはずだ。自社で貢献できる人材を採用するためには、必要とする職務経験、スキル、適性を明確にした上で採否を決める。

どこかに入社できればいいと考えている応募者は、自分の強みを自覚していないため、アピール力が弱い。結果としてどの企業にも採用されず、求職活動を継続している。

現在では、職務経歴書はパソコンで作成するのが一般的だが、企業ごとに見直しをせず保存しているデータをそのまま使用している求職者がいる。このような応募者は、携わってきた職務経験を提示し、採用担当者に判定してもらおうとしている。そのため応募企業向けの職務経歴や自己ＰＲが記載されておらずインパクトに欠ける。

自己分析ができており、充分企業研究をしている求職者は、自ら企業へ近づこうとする意欲を感じる。採用されたいと思う企業ならば、応募者は職務経歴でも採用担当者の目に留まるよう努力を惜しまない。

応募企業への思いを記載していない応募者は、優秀な能力であってもモチベーションが低いため、採用後の活躍は期待できない。

職務経歴書の分量がＡ４サイズ４枚以上にわたる

こんなことが読み取れる

- プレゼンテーション能力、コミュニケーション能力に問題がある
- 自分の強みを把握していないため、アピールポイントを理解していない

携わったプロジェクトや案件を列記し、Ａ４サイズで４枚以上の職務経歴書を提出する技術系の応募者がいる。詳細に記載されていることを評価する採用担当者がいるが、自社と関連しないプロジェクトを列記しているだけでは、評価に値しない。

通常、職務経歴書は、読み手の立場を考えれば、多くても3枚程度が一般的であり、4、5枚の職務経歴書を平然と提出する応募者は、自己顕示欲が強い可能性がある。

アピールポイントを把握していない場合、評価や工夫改善したことを記載することができない。関連しない業務を詳細に書き出すことは、職務経歴書を書くために行う「職務経歴の棚卸」にすぎず、職務経歴書とは言えない。

枚数の多い職務経歴書を提出する応募者は、熱意を勘違いしていることもある。詳細な業務内容を記載すれば、採用担当者が熱意を感じるだろうというようでは、実務面で能力を発揮できないだろう。

職務経歴書は、応募者の職務経験や能力をアピールするカタログであり、採用担当者が興味を持つような職務経歴書を作成する意志があるかどうかを見極めることが大切だ。

職務経験の詳細を伝えたいならば、別紙に詳細を記載して提出することも可能だ。読み手に興味を持ってもらおうという姿勢を感じない職務経歴書は、入社したい意欲を感じない。詳細に記載しているから評価できるのではなく、伝えたいことをきちんと伝えている職務経歴書かどうかを見極めよう。ビジネスにおけるプレゼンテーションにおいても、最近はA3の用紙1枚で表現する傾向がある。採用担当者は職務経歴書の枚数が多いことに惑わされてはならない。

職務経歴を会社単位ではなく職務能力単位でまとめている

こんなことが読み取れる

- 転職回数や実務経験期間を知られたくない
- 読み手の立場を考慮し、プレゼンテーション能力が高い

中途採用では応募者の職務能力を重視するため、職務能力をまとめて記載した表組みなどが記載されていると、採用担当者にとっては読みやすいことだろう。ただし、転職回数が多い応募者が転職回数を目立たせないようにしたい意図で、職務能力をうまくまとめて強調している場合がある。

職務能力でまとめている場合、勤務した企業の在籍期間や携わった職務についてチェックすることが重要だ。たとえば、経理の募集で3社勤務した経験があっても経理職として携わった経験が1社しかないこともある。実務経験の期間だけで評価はできないが、短い経験を誇張してアピールするようでは入社後問題が生じる可能性が高い。

このような応募者は、「入社してしまえば何とかなる」と考えて、実務能力を誇張する傾向がある。たとえば、勤務先の企業名ごとに職務内容をまとめず、職務内容としてひとつにまとめて記載していたりする。

転職回数が多いことだけが問題なのではなく、的確な実務能力を把握した上で採否を決めるべきだ。職務経歴書は応募者が自由に記載項目を決めることができるので、必ずしも記載されている職務内容や能力が絶対的なものではないと考えよう。

職務能力でまとめている内容が、まさに自社で求めている能力であれば、応募者が企業研究を行い、活躍できる人材をイメージして記載しているといえる。求められていることを把握している応募者は、能力が伴えば短期間で戦力として活躍できることを期待できる。

読みやすく記載されている職務経歴書を、実務経験の期間や具体的な職務について検証し、応募者の能力を見極めることが大切だ。プレゼンテーション能力が高い応募者は見所があるが、強調している内容に隠された、伝えたくない内容を読み取らなければならない。

複数の派遣企業をひとくくりで記載している

こんなことが読み取れる

- 短期間の在籍期間やブランク期間を知られたくない
- 実務能力を積極的にアピールしたいという意思で書いている

派遣社員として勤務していた場合、派遣元企業と主な派遣先企業名のみ記載する求職者がいる。短期間の勤務先企業も含めて記載すると、企業名だけで相当量になってしまうが、ひとくくりにまとめると、企業の在籍期間が曖昧になってしまうことがある。

ひとくくりにまとめた勤務期間を5年間として記載しても、企業ごとの在籍期間が記載されていなければ、ブランク期間がどれだけあるか理解できない。職務内容でまとめているため、そちらに注目しがちだが、5年間のなかで実際は2年程度しか在籍していないこともある。

円満に退社していない企業名を伏せたい意図で、企業名をすべて記載しないケースもあるので、派遣先期間をひとくくりにまとめている場合は、面接で確認をしよう。

派遣社員は実務能力が重視され、正社員以上の能力があることも多いので、前職の雇用形態だけで判断してはならない。

勤務先企業名を重視しない採用担当者もいるが、派遣社員であっても正社員と同様に、企業名とどのような働きをしてきたかを見極めることが大切だ。見やすい職務経歴書には、採用担当者の目を誤魔化す意図が隠されていることもあるので、読みやすさだけで安易に職務能力を判断してはならない。職務経歴書をじっくり読んでいると、在籍期間などの必要な情報が欠けていることに気がつくはずだ。

在籍期間や企業名が記載されていない場合は、応募者がなぜ伏せているのか見極め、不明な点は面接などで確認をしよう。応募者は有利になることは記載するが、不利になることは伏せて記載していることを忘れてはならない。

評価、実績、成功事例、仕事のスタンスなどが記載されていない

こんなことが読み取れる

- 曖昧な実績、評価であれば、転職用に記載したものだと理解する
- 事務系であっても、評価や改善について記載できる

携わった職務内容だけで、職務に対する評価、実績、成功事例などが記載されていない職務経歴書は要注意だ。応募職種と関連性のある職務でアピールできる能力がない場合、求められたスキルや経験を簡潔に記載する。本来仕事のスタンスや能力は評価や実績から読み取れるが、携わった仕事の内容だけが記載されている場合、評価される仕事をしていなかった可能性が高い。

営業職でありながら、実績を記載しない応募者がいる。しかし、実績が数値面で表わしにくい、あるいは公表できない数値であっても、前年対比や目標達成率で示すことが可能だ。また、事務系だから記載していないという言い訳も通用しない。能力の高い事務職であれば業務に対しての改善実績があり、それがどのように評価されたかは記載できる。

携わった職務が詳細に記載されていても、そこから働く姿がイメージできない場合は、職務能力が劣ることも予測できる。

意欲的に仕事をしてきた人は惰性で仕事をせず、常に改善意識を持って行動している。「より良くしたい」気持ちが数値や評価に表れるのだ。

携わった仕事だけが淡々と記載されている場合は、面接で評価や実績について尋ねるべきだが、職務経歴書に記載していない応募者の多くが、具体的にアピールできないことが多い。評価は、曖昧な表現で記載されていないかチェックする。「高い評価を得た」と記載されているだけでは信憑性がない。「なぜ高い評価を得たのか?」まで記載されているか、さらに自社においても活かせる内容かどうかを見極めよう。曖昧な評価や実績は、アピールできるものがなく、お茶を濁している可能性があると認識しよう。

30歳以上の応募者でマネジメントの経験が記載されていない

こんなことが読み取れる

- 職場で良好な人間関係を構築できない可能性がある
- 記載してない場合、「やりたくない」もしくは「できない」と判断する

マネジメント経験が記載されていない30歳以上の求職者については、職務経歴や携わってきた仕事について分析する必要がある。前職の経験が長いにもかかわらず部下がいない場合、職務能力に問題のあるケースがある。

インセンティブが高い営業職などの仕事は別だが、プロジェクトやチームで行う仕事であれば、30代の社員には少なからず管理能力が求められる。マネジメント能力について記載せずに実務面を強調している場合、実際に経験があっても実務中心の仕事がしたいと考えていることもある。

20代と同様の実務能力であれば賃金の安い20代を採用すべきだし、30代としての強みを自覚していない応募者であれば組織に馴染めず定着しないことも予測できる。

マネジメント能力が記載されていない30代の求職者に対しては退職理由にも注目しよう。職務経歴書で特に記載されていない場合は、面接で本音を引き出す必要がある。

部下の管理経験がない応募者が、新人指導の経験などからマネジメント経験を強調する場合も注意しよう。役職がなく、新人指導のみの経験では、マネジメント能力は期待できない。記載されているマネジメント能力に信憑性があるかどうかは、具体的な職務内容や評価から分析できる。マネジメント能力を強調していながら、記載されている職務が実務面中心であれば、アピールできる材料がないか、もしくは経験がないといえる。

企業が求めている30代の社員と応募者の志向が食い違えば、採用後ミスマッチングになり戦力として活用できない。実務経験が長いから大丈夫だろうという憶測だけで判断してはならない。記載していない場合、応募者がやりたくないことも充分に考えられる。

「キャリアアップ」や「技術の習得」への希望を強調している

こんなことが読み取れる

- スキルや経験不足を、入社後の頑張りでカモフラージュしている
- 技術習得を、会社への貢献のためではなく、自分の財産として捉えている

職務経歴書に「キャリアアップしたい」「技術を習得したい」と記載されていると、一見すると前向きに仕事を取り組むように感じる。しかし、実際は自己中心的で、企業貢献など考えていない場合がある。

自己中心的な応募者は、会社が常に何かを与えてくれると考えており、会社に与えることを意識していない。

実務経験が短く、アピールする材料がない応募者であれば仕方がない一面もあるが、自主的に学ぶ姿勢が職務経歴書の文面から読み取れなければ、戦力として期待できない。

厳しい雇用情勢でありながら、自己中心的な考えを改められない応募者も

多い。実務能力が不足していることをカモフラージュするために、将来への意欲を中心として記載しているが、中途採用では、将来ではなく現実を直視して採否を判断すべきだ。

将来への意欲が高い応募者は、常に自己啓発を行っている。入社後「頑張ります」「技術を習得します」ではなく、現在がどうなのかを職務経歴書から見極めよう。会社への思いが記載されておらず、キャリアや技術のことだけ記載されている場合は、自分本位に考えている。

仕事の優先順位を理解していない応募者は、会社から求められていることを理解せず、自分の利益につながることを優先する。損得で会社を判断する応募者は、会社のために技術を習得するのではなく、自分の財産として技術を考えている。

自己中心的な応募者は、思うようにならないと不平不満につながるので注意しよう。前向きな文面でも、主語が何であるかを考え、応募者の本質を探ることが大切だ。

「頑張ります」「貢献します」と具体性がなく書かれている

こんなことが読み取れる

- 求められている職務のスキルを把握していない
- 熱意とやる気があれば、入社できると考えている

職務経歴書の自己ＰＲや志望動機で「頑張ります」「貢献します」と記載されていても、何を頑張るのか明確でなければ、アピールできる能力がない応募者かもしれない。応募企業で活躍するイメージを抱いていれば具体的に頑張る内容を記載できるが、単に企業研究不足であれば漠然とした表現でしかアピールできない。

第二新卒などの実務経験が少ない応募者のなかには、会社に入社すれば何とかなるといった甘い考えで応募する者もいる。このような応募者は、新卒の就職活動と中途採用の求職との違いを把握していないため、ポテンシャルを強調してアピールする。

不採用が続いている応募者は、求められている職務について分析する意欲が失せて、行き当たりばったりの求職を繰り返している。やるべきことが曖昧なため、「頑張ります」でお茶を濁している応募者も多い。「頑張ります」「やる気があります」「貢献します」といった言葉を頻繁に使う人は、自分を励ましていることもある。

求められている実務能力を満たしていることを記載せずに、「頑張ります」だけで押し通すようでは、採用後に「会社が教えてくれない」と言い訳をして、辞めていく可能性が高い。

職務経歴書に記載されている「頑張ります」について、具体的に何を頑張るのかを文面から読み取ろう。

熱意ややる気が強い応募者は、思うようにならないと一挙に熱が冷めてしまう傾向がある。

応募者自身で自己分析ができているか、自社で具体的に貢献できることを把握しているかを、「頑張ります」の文面から考える必要がある。

書類に誤字、脱字が多い

こんなことが読み取れる

- 事務能力が低く、注意力が散漫である
- 国語力のレベルが低く、誤りに気がつかない

誤字、脱字が多い職務経歴書は、事務処理能力がない応募者だ。正式文書であるにも関らず、読み返しをせず提出していることから、注意力が散漫であることも考えられる。ビジネス文書で誤字、脱字があれば、それだけで会社の信用を落としてしまう。就きたい職種にもよるが、誤字、脱字を見過ごして提出しているようでは、評価できない。

国語力が乏しく、間違った漢字を使用していても気が付かない応募者もいる。注意力が散漫なだけであれば、チェックをきちんと行えば誤字、脱字を防げるが、国語力がない場合は、自ら勉強するしか方法がない。

誤字、脱字が多い応募者は気持ちが先走り、仕事でミスを犯す可能性もある。本来、誤字があってはならない書類だが、1箇所程度の誤字であれば、面接で誤字について指摘をして、応募者の対応から本質を見極めることも可能だ。間違いを指摘されて、あわてて何もできない応募者は見込みがないが、改めてすぐ提出させてほしいなど、具体的に対応しようとする行動力があれば、評価できる。失敗やミスをしたときの対応から、応募者の性格や行動パターンを把握できるのだ。

手書きで職務経歴書を提出する応募者は少ないが、手書きであれば、履歴書と同様に、雑に記載していて誤字があるようでは、入社後も問題を起すだろう。

誤字、脱字が多い応募者は、読み返しをせずに応募することから、自社への入社意欲が低いことも多いので、職務経験に魅力があり採用したいのであれば、積極的に入社を説得する必要がある。

初めての転職で、前職の経験が10年以上ある

こんなことが読み取れる

- 初めての転職者は、環境適応力が弱い可能性も
- 前職の在籍期間が長い人は、転職後、前職と比較しがちである

転職回数が少ない職務経歴書を評価する傾向があるか、はたして評価に値するのだろうか。確かに短期間で転職を繰り返している職務経歴書では、自社でも定着しない可能性があるが、新卒で入社し10年以上同じ企業で勤務しているという理由だけで評価できるわけでもない。

実力があり10年以上勤務していれば、会社で必要とされる社員であり、通常は転職をしようとは考えない。業績不振や倒産といった予期せぬ転職は別だが、企業に問題がなく自己都合で辞めている場合は、なぜ転職をしたいのか、その理由を明確にする必要がある。1社で長く勤務している応募者は、日本の給与体系が年功序列型であるため、実力以上の給与を得ていることも多く、他社における実力に見合う給与とは合致しないことも多い。

他社を知らずに30代で転職をすると、環境が変わることにより順応できないケースがある。転職経験がある社員は、転職先企業に過剰な期待をよせないが、初めて転職をする30代の男性は、転職に対する気負いが強いことがマイナスになり、実力を発揮できないこともある。

前職の経験が長い応募者は、転職先における仕事のやり方を前職と比較をして、前職がよかったと感じることも多い。嫌なことがあって退職しても、嫌なことは忘れてしまい、よい思い出にふけるのだ。転職経験がない30代の応募者の職務経歴書を通じて、本人の実力と退職理由について見極めよう。採用担当者が納得できる実力や退職理由が記載されていなければ、短期間で辞めていく可能性がある。

前職が1社で、管理職やリーダー経験がある応募者は、環境適応力やストレス耐性について疑ってみるべきだ。前職で悠々自適に仕事をしていたため、新人である転職先で馴染めないこともある。転職回数が多い、少ないという判断基準だけで、採否を判断すべきではない。

「年齢が高い」「経験がない」などのネガティブな表現がある

こんなことが読み取れる

- 年齢が高いことを、仕事ができない言い訳にしている
- 経験がないことを主張し、手厚い指導を期待している

「年齢が高い」「経験がない」といったネガティブな文面が職務経歴書に記載されている場合、応募者の職務能力と仕事のスタンスに疑問を持つべきだ。

「年齢が高い」が口癖な人は、仕事ができない理由を年齢が原因だと言い訳をする。謙虚なようにも感じるが、年齢が高いという主張は、年齢が高いから仕事が覚えられないなどと、仕事をする前から線引きをしている。

「経験がない」と記載されている場合も、応募者は「経験がないから指導をしてほしい」と暗黙に伝えている。経験がなければ自ら自己啓発してでも覚えようとする人でなければ、中途採用では使い物にならない。

「年齢が高い」と職務経歴書に記載されている応募者の転職回数をチェック

してみよう。2年ごとあるいは3年ごとに転職を繰り返していないだろうか。仕事ができないことを年齢が原因だと考える応募者は、転職がうまくいかない理由も年齢が高いからだと勘違いしている。年齢が高いから若い人以上に努力する姿勢を職務経歴書の文面から読み取れればいいが、努力することを怠っているようでは、採用しても戦力にならない。

年齢が高いことや経験がないことをどのように捉えているか、記載事項から見極めよう。転職は年齢や経験だけで判断すべきではないが、年齢が高いがゆえに適応力や柔軟性が欠けていて、既存社員とうまくやれないようでは問題がある。中高年で未経験の応募者は、既存社員が指導などで対応に苦慮することも多い。

応募者が年齢を気にせず、若い年代の社員以上の働きをするかを、職務経歴書から読み取れるかどうかが重要だ。

業績不振による退職理由が2社以上ある

こんなことが読み取れる

- 退職理由を追求されたくないため、業績不振と記載している
- 自分さえよければという考えで、責任感がない

退職理由が「業績不振のため退職」と記載されている職務経歴書には注意する。退職理由について追求されたくないため、業績不振が直接の原因でなくても、原因は会社にあると記載する応募者がいる。2社以上を業績不振を理由として辞めている場合、責任感がなく業績が悪くなっても、他人事のようにして辞める人材かもしれない。少なくても5年以上在籍しているのであれば、応募者が不振を奪回するために行ったことを、簡潔に記載すべきだ。

「会社が原因ならば仕方がない」と、記載されている理由を鵜呑みにする採用担当者がいるが、倒産ではなく業績不振や事業縮小であれば、記載内容の信憑性について疑ってみるべきだ。

自己都合の退職理由は、少なからずネガティブな印象を与える。「上司とうまくいかない」「目標を達成できない」「残業が多い」「賃金が安い」など正直に記載すると採用に不利になると考え、当たり障りのない退職理由を記載する傾向がある。業績が悪くなっても他人事のように考える応募者は、厳しくなるとすぐ逃げ出すことが多い。業績が悪いときこそ実力の見せ所なのだが、自己中心的に「自分さえよければ……」と考えて、退職する人もいる。

業績不振について具体的なことが記載されていないため、状況を把握できない場合は、面接で具体的に確認をしてみる。可能であれば、業績不振と記載されている会社の状況について調べてみてもいい。応募者が堂々と業績不振と記載していても、会社の利益が伸びていることもある。

プロジェクトが縮小という理由で退職する応募者は、他部署では能力を評価されない人かもしれない。業績不振やプロジェクト縮小が事実なこともあるが、記載されている内容を何の疑いを持たず受け入れてはならない。応募者は採用されたいために、不利にならないよう、必死になって取り繕うのだ。

職務経歴書内に常体、敬体の文章が混在している

こんなことが読み取れる

- 自己中心的であり、性格に二面性がある
- 実務能力が劣ることを、主観で記載しカモフラージュしている

職務経歴書は「～だ。～である。」といった常体、もしくは「～です。～ます。」の敬体で記載するが、敬体で記載していながら急に常体が混在する場合、応募者の思いだけが強すぎて熱意が先走っているといえる。

常体と敬体が混在する応募者は、状況を的確に判断する能力が欠けることが多い。自己中心的なところがあり、自分の思いは積極的に伝えるが、周囲の意見や指示に従わず、人間関係でトラブルを起す人もいる。

単に文章を書くことに慣れていないことが原因な場合もある。新卒であれば教育する時間もあるが、中途採用であればビジネス文書が書けないこと自体が問題だ。

熱しやすい性格が仕事でプラスになるような職種であれば、職務経歴書の文章が常体と敬体が混在していても活躍できる可能性はあるが、自分本位な性格は相手によって言葉遣いが変わるといった、二面性を持っていることが多い。

職務経歴書が、正式な書類であるにもかかわらず、インパクトのある文章を作成しようと考え、感嘆詞などを頻繁に使う応募者にも問題がある。文章を目立たせたい気持ちも理解できないわけではないが、採用担当者の目を引くことばかり考え、内容が伴わなければ、常体と敬体を混在するのと同様に応募者が一人で文章に酔いしれているにすぎない。

仕事のポテンシャルが高いことは評価できるが、ポテンシャルの高さは、携わってきた仕事のスタンスから読み取ることである。冷静な気持ちで職務経歴書を作成できないようでは、仕事でも気持ちに波があり、うまくいかない可能性がある。文章の構成や文面から、応募者の本質を見極めることができる。

志望動機欄に「最後の転職にします」と記載されている

こんなことが読み取れる

- 応募企業の状況もわからないなかで、安易に表現している
- 実務面でアピール材料がないため、モチベーションをアピールしている

志望動機や自己ＰＲ欄に「最後の転職にします」などと記載されている場合、応募者は転職回数が多いことを必要以上に気にしている。実務能力に自信がある応募者は、転職回数が多くてもそのことを気にせず、企業にとって必要な人材であることを堂々とアピールする。最後の転職と強調する応募者は、会社を辞めないことに意識が集中し、「やりたいこと」「できること」について深く考えていない傾向がある。

そもそも今までの転職についても、応募者の意志で「正しい」と考えてきたはずだが、転職先の状況もわからないなかで「最後の転職」と言いきる状況は、言葉を安易に使っている可能性が高い。

転職を繰り返してきた理由が、応募者の本意ではないこともある。業績不振や倒産が理由であれば、今後勤務する企業においても同様のことが起きる可能性は充分ある。この点をふまえず「最後の転職」という表現を使う応募者であれば、言葉の信憑性について疑ってみる必要がある。

職務能力や経験でアピールできない応募者は、「頑張ります」「長く勤務します」など、モチベーションでアピールする傾向があるが、中途採用ではモチベーションとともに「何ができるか」が重要になる。この点が曖昧な職務経歴書であれば、やる気や熱意を示しても評価に値しない。

自己都合で辞めている応募者は、「人間関係を構築できない」「すぐに諦めてしまう」「職務能力が劣る」などの退職理由が考えられるが、勤務先の状況もわからず、応募企業であれば前職で辞めた理由が払拭できると考えるようでは、状況の捉え方に甘さがある。

「最後の転職」といった表現を安易に記載する応募者の特性について、充分に注意すべきだ。

未経験の職種を希望していて前職の経験を強みとして記載していない

こんなことが読み取れる

- 現実を理解せず、憧れや夢だけで応募している
- 過去を否定している応募者は、転職先でも活躍しない

未経験の職種に応募していて、今までの職務経歴とは関連性がないと考えている応募者の経歴書は、職務内容なども簡潔に記載され、活かせる経験について何も記載されていない。このような応募者は他者依存型であり、入社すれば教えてもらえるといった安易な考えで応募している。

実務面で共通点がなくても、仕事の姿勢、人間関係、接客技術などは、どの仕事にも活かせる経験だが、過去の経験から活かせる能力を見出そうとしていないため、応募企業で活かせる経験として記載しない。

前職が辛いから逃避したいという意図を感じる職務経歴書は、未経験の職種に対しての研究がなされていない。「未経験だから知らない」で済まされると考えているため、職務経歴書から活躍する姿をアピールできない。

過去を否定している未経験者の職務経歴書も注意しよう。過去を糧にして未経験の分野でチャレンジしたいという考えでなければ、中途採用において未経験者は務まらない。何をやってもうまくいかなかったから、新たな職種でチャレンジするという姿勢では通用しない。

未経験者の職務経歴書から、自ら自己啓発していく姿勢が読み取れるかチェックしてみよう。教えてもらうというスタンスで、現在何もしていない転職希望者であれば、前職のカラーに染まっていない新卒社員を採用したほうが活躍する可能性が高い。社会人経験があるからこそ、未経験の分野でも短期間で戦力として活躍できることが、職務経歴書に記載されているかどうかが採否のポイントになる。

隣の芝生が良く見える応募者は、憧れや夢だけで職務経歴書を作成している。自己分析ができており、前職の経験を活かした上で未経験の職種へチャレンジする姿勢が大切だ。

自社で「やりたいこと」「できること」が記載されていない

こんなことが読み取れる

- 自分の強みを見出せないため、ビジョンを描けない
- 不本意な転職だという認識で、活動している

携わった業務のみ記載されており、応募者のやりたいことやできることを記載していない応募者は、自己分析ができていないため、転職を繰り返す可能性がある。職務経歴書は事実だけを記載し、考えやビジョンを記載してはならないと考えている応募者が稀にいるが、職務経験を数行記載しているだけの応募者であれば、入社後の活躍は期待できない。

やりたいことやできることが記載されていない応募者は、転職がうまくいかず、応募企業で求めている実務能力を分析していない傾向がある。あるいは、会社都合で辞めたため、不本意な求職であることを引きずっており、将来のビジョンについて考えられないのかもしれない。

職務経歴書で過去の経験をチェックすることも大切だが、経験を糧としてどのような仕事ができるか理解していなければ、言われたことしかできない受身の社員になる。

前職の退職理由が何であれ、気持ちを切り替えてポジティブに求職活動を行う応募者でなければ、活躍は期待できない。気持ちを切り替えた上で、活躍する姿をイメージしているかを職務経歴書から見極めよう。

将来のビジョンについて触れていない応募者は、応募企業へどうしても入社したいという熱意に欠けているか、さもなければ、できることに対して自信がなく、アピールすることを躊躇しているのだ。職務経歴書から応募者が自社で活躍する姿が読み取れるかどうかが、採否のポイントになる。

実務経験が浅くても、やりたいことが明確な応募者は、入社後の辛いことや苦労を物ともせず、前向きにチャレンジしていく人材だ。職務経歴書では、実務能力だけでなく応募者のビジョンについて確認する。

郵送された応募書類に添え状が添付されていない

こんなことが読み取れる

- ビジネスマナーを心得ていない
- プレゼンテーション能力が欠けており、チャンスをモノにできない

添え状を添付せずに、履歴書や職務経歴書を送付してくる応募者は、ビジネスマナーを心得ていないと考えられる。添え状を添付するよう指示をしているわけではないが、応募者が求職を真剣に考え、ぜひとも入社したい企業であれば、添え状でも簡潔に入社意欲をアピールするはずだ。

添え状では、送付物の内訳の他に希望職種を明記する。多くの職種を募集している企業で、希望職種についての記載がなければ、採用担当者が戸惑うことを理解していない。

面接後の礼状は、応募者の意志で出す、出さないを決めればいいことだが、書類を送付するときに添付する添え状は、ビジネス上では不可欠なものだ。

添え状を添付しない応募者は、プレゼンテーションの能力が欠けているか、仕事が丁寧ではなく、「やればいい」という投げやりな仕事を行う可能性がある。書類を送付したのだから何も問題ないと平然と考えるようでは、入社後の仕事が思いやられる。

採用担当者は多くの書類を受け取るため、添え状が添付されていなくても特に問題を感じないかもしれない。しかし、添え状を添付しているか、記載内容が定型文だけでなく、簡潔に応募者の気持ちが書かれているかで、応募者の職務能力と求職にかける意気込みを見極めることができるのだ。

履歴書や職務経歴書だけに気を取られ、添え状など評価されないだろうと考えている応募者は、仕事を選別し、評価されない仕事には見向きもしないタイプかもしれない。

第一志望でない企業だから添え状を添付しないような応募者であれば、第一志望の応募者でなければ採用しないという採用側の厳しいスタンスがあってもよい。

COLUMN

求職者の不安①

「短期間で辞めた企業を職務経歴書に記載したくないのですが」という相談が増えています。転職回数が多く、少しでも記載する企業数を減らしたいわけです。

「記載する、しないは自由ですが、面接などで質問をされて偽りの回答をすれば、入社後に何らかの理由でそれが判明したとき、問題になることがあるのでおすすめしません。本当の問題は転職回数が多いことや短期間で辞めていることではなく、応募企業で発揮できる強みが伝えられていないことにあるのでは？」とアドバイスはしますが、結局多くの人が記載せず応募しています。そして内定後、「記載しなかったのですが、大丈夫ですか？」と心配をして再び連絡があります。

厳しい雇用環境で、求職者は不採用の要因になるものを払拭したい気持ちが強くなっているように感じます。

第3章

エントリーシートのウソを見抜く

エントリーシートのウソを見抜く15のポイント

多くの企業がインターネットの求人サイトに募集広告を掲載し、応募者から送られてきたエントリーシートを基に、一次選考を行っている。

インターネットを通じて応募できることは非常に便利であるが、便利が故に、応募者が本気で応募しているのか、多くの企業のなかの１社として安易な気持ちで応募しているのか見極める必要がある。

紙の職務経歴書をそのままコピー＆ペーストするケースや、勤務先名を空欄にして応募するようでは、熱意を持って応募しているとは考えられない。

エントリーシートは、規定のフォームを使用するため、職務経歴は記載されていても、自己ＰＲ欄が数行しか記載されていないこともある。

本章では、エントリーシートの特性と応募者心理を理解し、エントリーシートの記載内容から、何が読み取れるか考えてみよう。

■ エントリーシートからわかる応募者の傾向

チェック項目	職務能力	事務能力	志望意欲	労働意欲	定着性
エントリーシートから自社への思い、発揮できる強みが読み取れない	●		●		
エントリーシートに空欄が多い	●		●	●	
エントリーシートに現職の勤務先名が記載されていない			●	●	●
年齢や経験年数とマネジメントしてきた人数のバランスが悪い	●				●
エントリーシートの職歴欄に退職理由を記載していない					●
改行位置の不揃い、全角や半角の文字の混在、記載された年数に間違いがある		●	●		
エントリーシートの希望職種、業界と募集要項の内容に共通性が見られない	●		●		
希望年収が著しく高い、もしくは低い	●		●		●
エントリーシートの希望勤務地が募集要項と合致しない			●		●
エントリーシートに記載された入社可能時期が3カ月を超える			●		
エントリーシートの自己PR欄が空欄、もしくは常体で記載されている		●		●	●
エントリーシートの職務内容欄、自己PR欄が5行以内で書かれている	●		●	●	
エントリーシートの職務内容欄に日付、氏名が記載されている			●	●	
エントリーシートに読み手の立場を考えた見出しなどの工夫がなされていない		●			
エントリーシートと提出された職務経歴書の内容が異なる	●		●		

※ ●はエントリーシートからわかる、応募者が劣っていると思われる分野を示す

エントリーシートから自社への思い、発揮できる強みが読み取れない

こんなことが読み取れる

- 他の企業にも同様のエントリーシートを送信している
- 応募企業で発揮できる能力を考えていない

求人サイトに募集広告を掲載すると、サイト独自のエントリーシートを応募者が作成し応募してくる。そうしたエントリーシートの内容からも、応募者の本質を読み取ることができる。

エントリーシートを作成すれば、掲載されている企業に簡単に応募できる点が求人サイトのメリットだ。だからこそ、採用担当者は、エントリーシートの内容に注意を払う必要がある。

応募者が多いため、エントリーシートの内容を見極め、一次選考を行っている企業が増えているが、職務経験がマッチングするだけでは応募者の本質は見えない。エントリーシートの志望動機や自己ＰＲ欄に、自社への思いが記載されているかチェックする。一括エントリーしている応募者は、どの企業でも通用するような志望動機や自己PRで、応募企業だからこそ入社したいといった気持ちを文面から読み取ることができない。求人サイトの利便性から、応募者の自社への熱意をチェックすることができるのだ。

志望意欲が強くなく、応募企業へのメッセージを発信していない場合、内定を出しても辞退する可能性がある。「なぜ当社に入社したいのか」「当社で何がしたいのか」といった内容がエントリーシートから読み取れるかどうかをチェックすることが大切だ。

エントリー段階で応募者の入社意欲が弱くても、面接選考を進めていくうちに、自社へ目を向けさせることも可能だ。実力があり、自社でどうしても採用したい応募者であれば、面接などの返信メールで応募者に興味があることを積極的に伝えよう。杓子定規な返信メールでは、他の応募者にも同じものを送信していると考え、気持ちは動かないので、独自のメッセージを配信しよう。

エントリーシートに空欄が多い

こんなことが読み取れる

- アピール材料を自ら見出せない
- 在職中などの理由で、本気で転職を考えていない

転職サイトによってエントリーシートには記載すべき必須項目は異なるが、必須項目以外のスペースが空欄であれば、求職意欲に欠けるか、アピールできる材料がないと考えられる。アピール材料は、どのような仕事であっても真摯に仕事と向き合っていれば見出せるはずであり、職務内容や自己ＰＲ欄の空きスペースが多いようでは、「できる人」とはいえない。

ＯＡスキル、語学スキルなどのレベルを具体的に記載させるサイトでは、偽りを記載できないので、スペースが生じても仕方がないが、自己ＰＲ欄、志望動機、職務内容欄、希望年収などが空欄であれば、求職する意志が弱いと考えられる。

ビジネスではプレゼンテーション能力が求められるが、エントリーシートは、応募者にとって初めてプレゼンテーションを行うツールなのだ。つまり、積極的に売り込む姿勢が自社に対してない応募者は、エントリーシートを真剣に作成していない。

仕事は、どれだけ真剣に打ち込めるかで、勝負が決まる。エントリーシートも同様で、本気で採用されたいと考えれば、埋められる項目にはきちんと記載し、僅かな経験であっても、求められる経験であれば強調して記載するはずだ。

空欄が多い応募者は仕事を受身で捉えており、積極的に自ら行動するタイプではない。アルバイト経験しかないから書けないという応募者もいれば、アルバイトであっても正社員と同様の仕事をしてきたことを誇りに思い、詳細に記載する応募者もいる。

エントリーシートの空欄から応募者のプレゼンテーション能力と求職の意気込みを見極めよう。

エントリーシートに現職の勤務先名が記載されていない

こんなことが読み取れる

- 円満に退職していないため、企業名を公表できない
- 在職中の企業に知られたくない

エントリーシートに勤務先名が記載されていない場合、在職中の応募者は在職企業を知られたくない意図がうかがえる。過去に在籍した企業を記載しない応募者は、円満に辞めていないため企業名を伏せている可能性が高い。

紙の職務経歴書で勤務先名を書かずに提出する応募者は少ない。インターネットのエントリーシートだから正式な書類ではないという考えでは、求職を真剣に捉えてはいないといえる。

求人サイトのなかには、企業側から応募者へアプローチできるスカウト機能があるが、勤務先企業名を知られたくないため、空欄にしてプロフィールを公開する応募者がいる。勤務先名を空欄にしたままのプロフィールでは、そのプロフィールを見た企業は不信感を抱くことになる。このような応募者は、注意力が散漫で、仕事で大きなミスをする可能性がある。

勤務先名を意図的に公開しない理由として、職務内容や経験期間に問題があることがあげられる。応募者は、採用担当者が考える以上に経験期間を気にしており、ブランク期間を含めて経験期間として偽り、応募していることがある。何とかしてエントリーシートの選考を突破したいと考えているのかもしれないが、そもそも勤務先名が空欄で応募する段階で、評価の対象にならないことが多い。

求人サイトのエントリーシートは応募者とって便利なツールだが、便利さゆえに、記載内容に誤りがあることや誤って完成されていないエントリーシートを送信してしまうことがあるのだ。職務内容から興味のある応募者であれば、勤務先名を公開するよう促して、応募者の反応を見てみることも必要だ。応募者があえて伝えようとしていないと察知できるようなエントリーシートでは、評価の対象ではない。

年齢や経験年数とマネジメントしてきた人数のバランスが悪い

こんなことが読み取れる

- マネジメントの意味を履き違えている
- 採用されたい一心で、故意に選択をしている

マネジメント人数をプルダウンで選択できる求人サイトがあるが、勤続年数が3年未満で10名以上のマネジメント人数が記載されている場合、信憑性がある数字かどうか疑ってみる必要がある。外食店舗の店長などであれば、アルバイトも含めた人数でという可能性もあるが、事務系の仕事では、通常考えられない。

選択されている人数とともに、職務内容欄にマネジメントについて記載されているかどうかも確認する。若くして管理経験があれば、アピール材料として強調すべきだが、マネジメント能力については何も記載されていないことも多い。プルダウンの選択を間違えることも問題だが、採用されたいがた

めに、故意に選択するようでは、職務内容そのものの信憑性を疑ってしまう。経験が浅いにもかかわらず、マネジメント人数を選択すること自体、マネジメントとは何かを把握していないことも多い。

一般的にマネジメント業務は、役職があり部下をコントロールできる職務だが、新人に指導をしただけでマネジメント経験があると勘違いして選択する応募者もいる。部下のいない管理職経験者もいるので、部下の人数を掌握することで、おおよその管理能力が見極められるが、採用されたい一心でマネジメント経験があることを選択するようでは、信頼関係を構築できる社員かどうか疑問だ。

採用担当者は職務内容や勤務先企業名に着目しがちだが、エントリーシートでは、マネジメント人数だけでなく、他にもプルダウンで選択する項目が多く設けられているので、応募者の選択が正しいかどうかを見極めることが大切だ。応募者が提出する書類やエントリーシートについて、注意深く読んでみると、矛盾点を発見することができる。マネジメント能力に不審な点があれば、面接で具体的な方法や成果について確認をしてみよう。

エントリーシートの職歴欄に退職理由を記載していない

こんなことが読み取れる

- 記載していない場合、公表したくない理由がある
- 本人の能力不足や責任により、解雇されている可能性がある

多くのエントリーシートは、勤務した企業ごとに職務内容などを記載するようになっている。企業ごとの記載フォームであれば、簡潔に退職理由や転職理由が記載されているべきだが、一切触れていない場合、応募者が知られたくない理由がある可能性が高い。

知られたくない理由として、円満に会社を辞めていないケースが考えられる。飛び出すように退職した場合、自己都合による退職であっても本当の理由は記載できないだろう。

本人の能力などに問題があり、解雇されている場合も理由を記載したくないのが一般的だ。応募者にとって不利になる事実は記載しなくてもいいという転職カウンセラーもいるので、会社に大きな損害を及ぼして懲戒解雇されたような場合でなければ、解雇されたことはあえて記載しないだろう。

自己都合で辞めていても、転職回数が多く、各フォームの末尾に退職理由を記載すれば転職回数が目立ってしまうと考え、退職理由を記載しないこともある。

退職理由や転職理由を記載することは必須条件ではないが、特に同職種に転職している場合、なぜ転職したのか疑問を抱くことが重要だ。この点を伏せてエントリーする応募者心理は、不利になることは公表しないという意図があるのだろう。長々と退職理由を記載する応募者は、自己主張が強い応募者であり、入社後も思うようにならなければ、本人の責には触れず、会社が悪いという理由で退職する。

退職理由が記載されていない場合や長々と言い訳じみた理由を記載している場合は、応募者の仕事の捉え方に問題があることが多い。

改行位置の不揃い、全角と半角の文字の混在、記載された年数に間違いがある

こんなことが読み取れる

- 改行位置の不揃い、全角と半角の混在などから、パソコンスキルがわかる
- 読み返せばわかるミスは、仕事が雑なことが原因である

エントリーシートの記載から、パソコンのスキルや注意力について見極めることができる。

パソコンのスキルが劣る場合、改行の位置が不揃いで読みにくい文面になっていたり、半角と全角の文字が混在していたりする。また経験期間と職務内容欄で記載されている年月が合致しない場合、注意力が散漫であり、さらに記載内容の信憑性を疑ってみる必要もある。

年齢が高い、あるいは普段パソコンを使用していないため間違いが多いという理由は通用しない。事務系に限らず多くの仕事においてパソコンのスキルを求められるが、自ら覚えようとする積極的な意志がなければ、採用後も言い訳を作って仕事をしないタイプかもしれない。

パソコンのスキルがある応募者であっても、見せ方を工夫しようと考えすぎるあまり、改行位置の不揃いなどが生じるケースもある。記載した内容をチェックした上で送信すれば、多くのミスは防げるはずだが、作成することに集中しすぎるあまり、全体を読み返す余裕がなくなっている。

仕事が雑、もしくは注意力が不足している応募者は、エントリーシートの記載方法で見分けることができる。雑な応募者は、経験期間や学歴の在籍期間についても明らかにおかしいままで送信する。4年制の大学で3年間の在籍でありながら、卒業と記載していれば、在籍期間に誤りがあるのか、卒業の選択に誤りがあるのかわからない。

読み手の立場を考えず、長文で思いを伝えようとする応募者や、職務内容欄に携わった案件だけをスペースいっぱいに長々と記載するようでは、応募者の思いは理解できても、パソコンのスキルがあるとはいえない。

エントリーシートの希望職種、業界と募集要項の内容に共通性が見られない

こんなことが読み取れる

- 自社にあわせてエントリーシートの修正を行っていない
- 応募企業だからこそ、どうしても入社したいわけではない

エントリーシートによっては複数の希望職種や業界を選択できるようになっているが、自社が募集する職種や業界以外にも選択している場合は、応募者の志向が自社に向けられていない可能性が高い。スカウト機能を考えて幅広い職種や業界を選択することは理解できるが、特定の企業へ応募するのであれば、応募企業に合わせて職種や業界を絞り込む繊細さがなければ、ビジネスでは相手の気持ちを汲み取ることはできない。

やりたいことが明確ではなく、幅広い職種や業界を選択する応募者もいるが、どこかに採用されればいいという考えの応募者であれば、入社後定着することは期待できない。転職がうまくいかない応募者は、エントリーシート

の内容を見直さないため、さらに不採用が続く。
「できる人」は、相手の気持ちを汲み取った上で、相手の期待以上の仕事ができる人材だ。エントリー段階で他の会社や職種にも興味があることを悟られてしまうようでは、期待以上の仕事をする応募者ではない。新卒採用であれば、就職活動初期は企業研究をしているため業界がさまざまなことは理解できるが、中途採用では前職の経験を「ウリ」として応募企業で強みを発揮することが求められる。

未経験の職種や前職と関連性のない業界を選んでいる応募者は、前職で優秀な成績を収めていないため、新たな職種や業界に希望を託して選択をしている。職種や業界に共通性が見出せない応募者は、やりたいことが明確ではなく、採用しても定着できない可能性がある。何をやっても途中で嫌になる人は、もっと自分に合う企業があると妄想を抱き、多くの職種や業界を希望する。前職の実務経験が長くても、応募者の志向が多くのことに向けられていれば、入社後も実力を顧みず「もっと自分に合う会社がある」と考え、転職活動を再開するだろう。

希望年収が著しく高い、もしくは低い

こんなことが読み取れる

- 自分の実力を過剰（過小）評価している
- 転職市場を理解せず、自己中心的である

エントリーシートには、希望年収額を記載する欄がある。同職種を希望していながら、前職と比較して著しく高い場合は、その応募者は自信過剰、もしくは自己顕示欲が強いといえる。前職の年収が著しく低い場合は、希望年収が数十万円高くとも納得できるが、高額の年収を希望する根拠の記載がない限り、求職を本気で考えていないか、個人的な借入などの問題を抱えている可能性がある。高額の年収を希望するのであれば、採用担当者を納得させる裏付けが必要だ。年収が著しく低い場合は自信を喪失しているか、管理的な業務を拒否するなど、仕事を選ぶ可能性がある。

実力のある応募者は、エントリーシートの段階で高飛車な要求はしない。

選考過程の中で企業に欲しい人材だと思わせた上で、希望を提示するはずだ。同職種でありながら、前職と比較をして低い場合、労働条件などで問題があるかもしれない。前職で残業や休日出勤が多かったため、転職先では労働条件の改善を希望している。

未経験の職種を希望しているにもかかわらず、希望年収が前職と同様、もしくは高い場合は、自己中心的な応募者であり、与えられることだけを考えている。

募集広告の年収以上を希望している場合、第一志望の企業ではないため、企業研究がなされていないことが推察できる。

より高い年収を希望する気持ちも理解できる。しかし、労働市場を把握して、適切な年収を希望しないということは、状況を的確に捉えることができない応募者だといえる。高い年収を獲得するためには、入社後実力を示していくことが大切だが、初任給にこだわりが強いようでは、入社後に期待を持てない。希望年収が著しく高い、あるいは低い場合は、エントリーシートには記載されていない理由が、隠されている可能性がある。

エントリーシートの希望勤務地が募集要項と合致しない

こんなことが読み取れる

- 自社が第一志望ではなく、複数の企業に応募している
- 転職活動がうまくいかず、エントリーに繊細さを欠く

　エントリーシートでは、複数の希望勤務地を記載できるのが一般的だが、自社で求めている勤務地と異なる地域が選択されている場合、複数の企業へ一括応募している可能性が高い。入社意欲が高い応募者であれば、自社の求人広告で記載している勤務地のみを選択するはずだが、関連性のない地域まで記載されているようでは、第一志望ではないことが推察できる。

　自社の勤務地を希望していても通勤圏外からの応募であれば、本気で転居する意志があるかどうかをエントリーシートから読み取る必要がある。志望動機や自己PR欄に自社を希望する明確な理由が記載されていれば、意欲が高いといえるが、何も記載されていない場合は、多くの企業のなかの1社に

すぎない。

地元では求人件数が少ないことを理由に通勤圏外を希望勤務地にする応募者がいるが、本気で遠隔地へ転職を考えている応募者は面接への対応が速やかで、採用された場合の転居予定地まで示すだろう。

地元でうまくいかないからという考えだけでは、採用後定着しない可能性がある。通勤圏内か、遠隔地かを問わず、「なぜ自社がいいのか」「自社でどのように貢献したいのか」という点が曖昧であれば、面白くないことや辛いことがあれば、すぐに辞めてしまうだろう。

海外勤務を希望している応募者では語学力など、戦力として活躍できる裏付けを読み取れるかどうかを見極める。語学力もなく安易に海外を選択している応募者であれば、記載されている職務内容や能力の信憑性も疑わしい。求職者が真剣にエントリーシートを作成し、自社にどうしても求職したいと考えているかは、希望勤務地からも読み取ることができる。

エントリーシートに記載された入社可能時期が3カ月を超える

こんなことが読み取れる

- 本気で転職を考えていないため、内定辞退の可能性がある
- 賞与などをもらってから、辞めようと考えている

これは履歴書にもままあることだが、入社可能時期が面接時から3カ月を超えている場合、転職を本気で考えていない可能性がある。引継ぎなどをきちんと行い退職したいというもっともな理由を挙げる応募者もいるが、3カ月を越える場合は具体的な入社日を設定した上で、内定承諾書などを提出してもらう必要がある。

在職中の応募者は、現職がうまくいかない状況で転職を考えるケースが多い。退職する意志が曖昧な状況でエントリーシートを作成するため、入社可能時期が遅くなるのだ。

本気で転職を考えている応募者は、引継ぎなどで時間を要する根拠を示した上で、入社時期を明確にする。短期間で戦力となる人材を採用したいと考えている企業側の意図を汲み取り、自己PR欄などで転職の意志を明確にするはずだ。

賞与をもらってから辞めようと考え、入社まで時間がかかる応募者もいる。企業側の都合ではなく、応募者の都合で入社時期を延ばしているのだ。このような応募者は目先の損得だけを追いかけ、会社に要求することは多いが、実力が伴わないことが多い。どうしても入社したい企業であれば、目先の賞与ではなく、採用されることに気持ちが集中する。

就業規則で記載されている退職規定は、通常では1カ月前に申し出るように記載されているが、特殊な仕事ではなく、入社まで3カ月を超えるようでは、入社時期近くなったときに「会社を辞められない」と申し出てくる可能性が高い。

在職中でありながら、すぐに転職できるという応募者は責任感に問題があるが、必要以上に入社時期を延ばす応募者は、本気で転職を考えていない可能性を疑ってみるべきだ。

エントリーシートの自己PR欄が空欄、もしくは常体で記載されている

こんなことが読み取れる

- 自己分析ができておらず、アピールする材料を見いだせていない
- 自信過剰で、読み手の立場を考えていない

職務経歴書などでは、特に自己ＰＲ欄を設ける必要はないが、エントリーシートではフォームが設定されているため、記載すべき内容がないと悩みながらも、なんとか埋めようと困惑する応募者も多い。自己ＰＲの記載内容は、応募者がどのように自己分析しているかを見極める上でも重要だが、エントリーシートにおける自己ＰＲ欄の目的を把握せず、謙遜した内容が記載されていることもある。

このような応募者はウリとなる強みを理解していないため、フォームの空欄が目立っている。アピールする内容がないと考えている応募者では、読み手の立場になってプレゼンテーションすることができないのだ。自由に記載できる職務経歴書とは異なり、決められたフォームがあるエントリーシートだからこそ、応募者の本質を見極めることが可能だ。

自己PR欄が常体の文章で記載されている場合、自己主張が強い応募者である可能性がある。職務内容であれば常体で記載しても何ら問題ないが、自己PRが応募者の強みなどを採用担当者にアピールする場と考えれば、読み手に対して、敬体の文章で記載すべきである。常体で一方的にアピールする応募者は、自信過剰で周囲に気配りができない可能性がある。

コミュニケーション能力に長けている人は、考えや意見を一方的に押し付けようとせず、相手の気持ちを汲み取りながら言葉を選び説明する。エントリーシートも同様に強気の文面で押し通すような応募者は、自分の主張が通ればいいという考えで記載しているかもしれない。

特に自己PR欄は文章に主観が加わるので、「わかってほしい」という気持ちがあれば丁寧な文章でアピールするだろう。常体で採用担当者が違和感を抱かなければ問題ないが、記載されている内容で伝えたい意図を把握した上で、応募者の人間性に問題がないかを検討してみよう。

エントリーシートの職務内容欄、自己ＰＲ欄が5行以内で書かれている

こんなことが読み取れる

- 転職を本気で考えていない
- 簡潔に記載することがよいと勘違いをしている

職務内容欄や自己ＰＲ欄が5行以内で書かれている場合、アピールすべき能力が欠けていると考えられる。応募者は簡潔に記載することでインパクトを与えたいと考えているのかもしれないが、今までの職務経験が5行以内でしか示せないようでは、自社に入社しても5行以内の仕事しかできず、目的意識を持って仕事にあたる人材だとはいえない。

応募企業が求める能力について分析していない場合、携わった仕事を簡潔に記載するだけで、強みや貢献できることをアピールすることはできない。どの企業にも対応できる職務内容では、自社への思いは強くない。

エントリーシートを通じて判断してほしい気持ちがあれば、アルバイトであっても5行以内で終わらないはずだ。コンビニエンス・ストアのアルバイトで「販売していました」だけではアピールにならないが、アルバイトであっても、接客、陳列、売れ筋商品分析、チームワークなど、アピールしようとする意思があれば、決して5行では終わらない。

求職熱意がない応募者は、携わった実務を簡潔に記載しエントリーする。このような応募者は、仮に内定を出しても辞退する可能性が高い。

エントリーシートが企業との接点だと考えれば、自分を売り込もうとするはずだが、記載するべきことがないと言い訳をして簡潔に済ませてしまうようでは、仕事も怠慢であることが予測できる。長々と記載することがよいわけではないが、数行の職務内容で採否の判断ができると考える応募者では、採用には至らないだろう。応募企業に興味があれば、求められる経験がたとえ僅かであっても強調して記載するはずだ。実務経験が短くても、仕事のスタンスや評価などは記載できる。応募者の気持ちは、内容とともに数行しか書かれていないということからも読み取ることができる。

エントリーシートの職務内容欄に日付、氏名が記載されている

こんなことが読み取れる

- 職務経歴書をそのままコピー＆ペーストしている
- 要領がよく、損得を考えて仕事を行う

エントリーシートの職務内容欄に「職務経歴書」「氏名」「日付」などの文字が記入されている場合、職務経歴書のデータをそのままコピーしていることが推察できる。

自分で書いたものであればコピーしたものを流用しても悪いわけではないが、エントリーシートでは、日付や氏名欄は別に設けており、職務内容欄に記載するのであれば、見出しを付けるにしても職務内容の部分になるはずだ。

このような応募者は、エントリーシート作成に手間暇をかけずに応募したいと考えている。手間暇をかけずに作成する場合でも、採用担当者がどのように感じるかまで考えず、内容が間違っていなければ問題ないと捉えている。

こうした要領のいい人は、自分のためになる仕事には前向きだが、メリットがない仕事には目を向けない。組織は要領のいい人だけでは成り立たず、地道にコツコツと仕事に向かう人がいるからこそ成り立っている。

採用担当者は、職務内容が詳細に記載されているからといって満足してはならない。職務経歴書をそのままコピーしている場合、応募企業への思いや強みは記載されていないはずだ。自社で発揮できる強みなどが強調されていなければ、自社へ応募するために作成したものではなく、他社が本命かもしれない。

相手の気持ちを汲み取れる応募者であれば、仮にコピー&ペーストをして作成しても、細かい点を修正し熱意を汲み取れるよう配慮する。読み手の立場を考えず、出すものを出せばいいと考えている応募者であれば、入社後の活躍は期待できないだろう。

職務能力には直接関係しないが、応募者の仕事の捉え方が職務内容欄の記述形式から読み取れるのだ。

エントリーシートに読み手の立場を考えた見出しなどの工夫がなされていない

こんなことが読み取れる

- 熱意をアピールすることが大切だと考えている
- 自分本位で、読み手の立場を考えていない

エントリーシートが長文で記載されている場合、読み手の立場を考慮しているとはいえない。紙の職務経歴書以上に、インターネットのエントリーシートは、読みやすさを意識すべきだが、長文で記載すれば熱意が伝わると勘違いしている応募者もいる。見出し部分の行頭に「●」「■」などの記号を付けたり、本文部分の行頭をインデントするといった工夫をせず、単にテキストのみで記載されているエントリーシートでは、何を伝えたいのかわかりにくい。応募者の気持ちが高揚しているのだろうが、採用担当者は多くのエントリーシートに目を通すということを理解していない。

自分本位に記載する応募者は、プレゼンテーション能力が欠けており、伝えたいことを伝えられない応募者かもしれない。フォームを埋めればいいと考えているだけでは、仕事上でも一生懸命頑張ればいいと考えている可能性がある。

エントリーシートは限られたスペースに今までの履歴や職務経歴を採用担当者に伝えるものだが、読み手が理解できないエントリーシートでは、いくら応募者が熱心でも採用はできない。

「何を伝えるべきか」「何が必要ないか」という点を理解した上で、エントリーシートを作成している応募者は見所があるが、すべての職務経歴を詳細に記載し、必要な人材かどうかを採用担当者に委ねるような応募者は、職務経歴の棚卸をそのまま記載しているにすぎない。

採用担当者は、長文や詳細な職務経歴から応募者の熱意を感じても、熱意があるから自社で求める人材とマッチングすると考えてはならない。記載されている内容が自社で求めるものを応募者が自覚した上で記載しているかどうかを見極めて、採否を判断しよう。

エントリーシートと提出された職務経歴書の内容が異なる

こんなことが読み取れる

- 多数の企業向けに作成しているため、職務経歴書と異なる
- エントリーシートでは能力を誇張して記載している

エントリーシートで応募後に紙の職務経歴書を提出してもらうことになるが、エントリーシートと食い違いがないかのチェックは必須だ。経験期間や職務内容を書き直している場合は、どちらも内容も信頼性に疑問があることになる。エントリーシートに記載されていることに加えて詳細な内容を説明している場合は、応募企業への意欲を示しているので問題ないが、明らかに違う内容では問題がある。

エントリー時には企業にそれほど興味がなかったものの、紙の職務経歴書を求められて新たに書き直していることも考えられる。エントリーシートの能力と比較して紙の職務経歴書に記載されているものが劣る場合は、エント

リーシートが誇張して記載されていることが考えられる。

エントリーシートでは多数の企業へ応募することを前提に記載しているケースが多く、誇張して職務能力を記載している応募者もいる。エントリーシートに興味を持たれたことで、誇張した職務能力に自信がなくなり、記載内容が異なることも考えられるのだ。

原則は、エントリーシートと紙の職務経歴書が異なってはならない。より応募企業向けにカスタマイズされたものであれば評価できるが、別人の職務経歴のようなものであれば、面接まで行う必要はない。

エントリーシートは、ネット上のものであり正式文書ではないという意識の応募者もいる。面接まで進みたいためにゲーム感覚で好感を持たれるようなエントリーシートを作成するようでは、入社後の活躍は期待できない。

エントリーシート、紙の職務経歴書ともに、正式な応募書類として正しい事実を記載するべきものであり、応募者の認識について見極めてみる必要がある。

COLUMN

求職者の不安②

鬱病で前職を辞めた人から、「病気が快方に向かっているため求職活動をしているのですが、病気のことを記載すると書類選考が通りません。記載せずに応募してもいいでしょうか？」という相談を受けます。現在完治しているのであれば、病気について説明する、しないは自由だとアドバイスをします。入社後、通院などで業務に支障を与える場合は、面接などできちんと説明すべきですが、医者の承諾を得て、業務に支障を与えないのであれば、話す必要はないと思います。

病歴があるから採用は難しいと決め付けてしまえば、優秀な人材を逃してしまうこともあります。履歴書や職務経歴書は、過去を評価した上で、自社に見合う人材かどうかを決める要素が強いのですが、応募者の現在と将来についても充分に検討した上で、採否を決めるべきだと考えています。

第4章

面接でウソを見抜く

応募書類に記載する、しないは応募者の自由だと認識する

面接のポイント

- 応募者は聞かれなければ回答しないという考え方で面接に臨む
- 回答時に表情や語調が変われば、隠している事実がある

履歴書や職務経歴書に記載されている「ウソ」を面接で見抜くためには、応募者が書類を作成する前提として、書きたいことは記載するが、書きたくないことは記載しないというスタンスで応募していることを認識する。

短期間で辞めた企業を書きたくなければ、あえて記載せずブランク期間にしている。応募者が記載しないことが問題なのではなく、面接でこの点について確認をしないことにも問題がある。3カ月以内の勤務経験は記載しなくていいとアドバイスする転職カウンセラーもいるので、採用担当者は記載されていること以外の内容にも注意を払う必要がある。

「質問をされなかったから回答しなかった」という応募者の主張も一理あ

る。そのためには、面接官は提出された書類を鵜呑みにするのではなく、不振な箇所があれば確認をする。

「ブランク期間にどこか企業に勤めましたか?」というダイレクトな質問に、勤務経験があるにもかかわらず「勤務していません」と回答すれば、職歴を偽ったことになる。

転職回数が多いから採用されないと考えている応募者も多く、不採用が続くことで、不利になる内容は極力記載しない傾向がある。

面接では応募者の回答内容だけでなく、表情や仕草をチェックする。視線をそらす、表情が固くなる、髪に手をあてる、そわそわする、語尾がこもる、早口になるなどの変化があれば、応募者が偽りを述べている可能性が高い。不利になる職務経歴を隠す応募者は、職務能力で能力のアピールができないことが多い。「できること」が明確な応募者であれば、転職回数が多くてもそれを払拭するだけのアピール材料を持っている。

退職理由から、適応力と意欲を確認する

面接のポイント

- 曖昧な退職理由であれば、突っ込んで質問をする
- 予期せぬ転職では、気持ちを切り替えていることを見極める

履歴書や職務経歴書に「一身上の都合により退職」など記載されていても、具体的な理由について確認をする。転職セミナーなどで指導を受けている応募者は、「～が嫌だから」というネガティブな理由を述べず、やりたいことの実現を理由にすることが多いが、やりたいことが自社で可能なのか、仕事を辞める口実でないかを見極める必要がある。

面接官が応募者の回答を聞くだけでは、応募者のウソを見抜くことはできない。面接官は応募者の回答と表情を真剣に捉え、曖昧な回答であれば、突っ込んだ質問をさらに投げかける。回答の信憑性を見極めるためには、応募者が用意してきた回答ではなく、応募者自身の言葉で語ってもらう必要がある。

面接では退職理由は必ず質問をされると想定し、事前に回答を準備してくる応募者が多い。人間関係や労働環境などの理由で辞めても、当たり障りのない回答を簡潔に述べて、退職理由の説明から逃れたいと考えている。

転職セミナーでは退職理由に時間が取られないよう求職者にアドバイスをするが、採用をジャッジする上では、退職理由は重要な採否のポイントになる。辞めたいと思う気持ちはネガティブな理由が多いが、そのことをきっかけにして現在どのように仕事を捉えているかが、応募者を見極める上でのポイントになる。

応募者が過去にこだわらず、現在と将来に目を向けて意欲的に仕事を行う姿勢について、退職理由から見極める。業績不振や倒産といった予期せぬ転職であっても、気持ちを切り替えて転職先企業で働くという強い熱意が応募者になければ、「仕方なく転職した」という気持ちを引きずったまま仕事に向かうことになる。現在の環境を正面から受け止めた上で、高いモチベーションで転職に臨む応募者でなければ、活躍は期待できない。

志望動機から自社への思いを確認する

面接のポイント

- 自社だからこそ入社したい意欲を感じない場合、第一志望ではない
- 回答を聞き流さず、突っ込んだ質問を繰り返す

志望動機について応募者は事前に回答を用意してくることが多い。だからこそ、そこから応募者の本心を見極めることが大切だ。「志望動機を聞いても模範解答しかしないので意味がない」と考える採用担当者がいるが、決してそのようなことはない。志望動機からも、応募者の職務能力、仕事のスタンス、自社への思いなどを読み取ることができる。

面接では、応募者との言葉のやりとりから本質を見抜かねばならず、単に定番の質問を面接官が繰り返すだけでは採否の判断はできない。自社で求める人材を把握した上で、前職の経験を活かして自社だからこそ貢献していきたい気持ちなのかを、志望動機から見極めることが大切だ。「〜がやりたい」

という回答が、どの企業でも当てはまるようでは、自社で活躍する人材とはならない。「～といった強みを活かして、まさに御社の～で貢献していきたい」と回答をする応募者は、応募企業を研究した上で、職務上の強みを活かして貢献できると考えている。

自社への思いは、応募者の用意してきた志望動機を聞くだけでは見極められない。たとえば「御社の商品が素晴らしく～」と回答すれば、「自社の商品を手に取ってみたことがありますか？」と質問をしてみる。その答えが「ありません」では応募者の熱意は偽りだろう。商品にもよるが、これから一生を託す企業の商品であれば、事前にチェックをするのは当たり前だ。この点について面接官が質問をせず聞き流してしまえば、応募者の本心は見極められない。

志望動機を語るときの眼力についてもチェックしよう。本心ではない回答であれば回答が立派でも本心を悟られたくないという表情になる。退職理由と違って志望動機はポジティブな回答を求めるものだ。求職を本気で考えていれば、活躍する姿をイメージしながら語るため、眼力に熱い力を感じるはずだ。

貢献できることから、職務能力を確認する

面接のポイント

- 貢献できることが曖昧な応募者、自社が第一志望ではない
- 3年後をイメージできない応募者は、3年後の変化を期待できない

職務内容欄に携わってきた仕事を列記しているだけの応募者は、活かせる職務能力を採用担当者に選別してもらいたいと考えている。詳細に記載されていても、自社で活かせる職務能力を応募者自身が把握していなければ、入社後も手取り足取り指示しなければ動けない可能性が高い。

携わった職務を列記するだけの応募者は、自分の強みを把握していないか、それぞれの仕事に自信を持って取り組んできていない。アピールしたことが期待に応えられない場合を考え、強調したアピールを控えている応募者もいる。職務能力を把握するために、「当社で前職の経験をどのように活かせますか？」と端的に質問をしてみる。応募企業で本気で働きたいと考えていない応募者は曖昧な回答しかできない。職務能力が劣る応募者も企業貢献したいというスタンスで面接に臨んでいないため、具体的な回答はできない。

「当社で3年後何をやっていたいですか?」という質問も有効だ。「まずは、当面の仕事を覚えて……」といった回答であれば、活躍するイメージを抱いていない証拠だ。数カ月後であれば当面の仕事を把握するといった回答でも仕方がないが、3年先も当面の仕事であれば職務能力について疑ってみたほうがいい。

商品を購入したいと考える動機として、購入後の状況をイメージしてワクワクするはずだ。イメージできない商品であれば、高いお金を出して買おうとは思わない。面接も同様に、応募者が入社後の活躍する姿を具体的にアピールできなければ、自社で必要な人材だとはいえない。

中途採用であれば、短期間で実績をあげることが求められる。応募者が自社で何ができるか、どのような貢献をする人材かという点が、採否のポイントになるのだ。

自己ＰＲの事例から、信憑性を確認する

面接のポイント

- 応募企業で活躍する姿をイメージできるか見極める
- 学生時代の事例を語る場合、実務面の能力に疑問がある

面接では自己ＰＲも定番質問であり、どの応募者も面接官受けする回答しかしないことが多い。ポイントは、自己ＰＲで主張する内容ではなく、自己ＰＲを裏付ける事例についてチェックすることだ。実務面の事例が具体的であり、納得できるものであれば信憑性がある回答だが、取って付けたような事例であれば回答を疑ってみよう。実務面の事例ではなく、学生時代の事例であれば、職務実績でアピールする材料がないと考える。

事例を聞き流さず、さらに質問を繰り返すと、事実を語っている応募者は何ら問題なく説明できるが、偽りの内容であれば返答に困ってくる。

自己PRの回答で、応募者のプレゼンテーション能力を見極めることができる。結論を先に述べないため、何を言いたいのかわからない応募者がいるが、このような応募者はビジネスにおいて周囲を説得させることができないタイプだ。

自己PRの内容が、自社で役立つものかについても見極めてみよう。どの企業にも通用する曖昧な回答であれば、自社への転職意欲が弱いか、アピール材料が乏しいと考える。自社で活躍する応募者は、事例も応募企業で共通する強みをアピールするはずだ。自己PRについて深く考えていない応募者は、実務面に結びつけずポテンシャル面だけをアピールする。

中途採用では、「粘り強い」「諦めない」といった曖昧な回答では評価できない。「粘り強い」ことで成功した実績まで説明できなければ、職務能力についての評価はできない。

留学経験は、期間、目的、語学力を確認する

面接のポイント

- 留学目的、得たことを語れないようでは、ビジネスで通用しない
- 語学力をアピールできない場合、職務能力の信憑性も疑問がある

自己ＰＲ欄などで、留学経験を記載している応募者に対しては、留学期間や目的、そして習得したことについて質問する。数週間だけ語学学校へ通った経験でも、留学経験と記載する応募者もいる。留学について詳細に書かれていないようでは、具体的にアピールできない可能性がある。

留学経験では語学力についても確認が必要だ。ＴＯＥＩＣなどの点数が記載されていれば、おおよそのレベルは把握できるが、留学経験を記載していながら語学力について一切触れていないようでは、職務内容欄に記載している実務能力の信憑性についても疑問がある。

留学経験があっても、現地で日本人と過ごしているようでは、語学力につ

いては期待できない。学校で企画をする短期間のサマースクールであっても、留学経験としてアピールする応募者がいるので、留学経験についてじっくり話を聞いてみよう。

面接では、応募者の本質を見極めなければならないが、書類で記載されている内容を鵜呑みにしていては、的確な採否の判断ができない。

短期間の留学であっても、自己啓発している応募者は、長期留学経験者以上の能力があることも多い。留学経験から語学力をアピールする応募者がいるが、語学に加えて応募企業で発揮できる強みを語れないようでは、語学が活かせないという理由で辞めていく人材だ。

中途採用では、学生時代の留学経験についてそれほど評価できないが、留学経験をアピールする応募者であれば、経験から得たことをビジネスでどのように活かしたいのか確認をしてみることが大切だ。

6カ月以上のブランク期間は、就労経験を確認する

面接のポイント

- 記載されていない場合、他社への勤務など、伏せたい事実がある
- 転職に慎重になりすぎていて、内定辞退を繰り返している

職務経歴に6カ月以上のブランク期間がある場合、ブランク期間に何をやっていたのか確認する。長期間のブランク期間は、「長期間求職活動を行っている」「資格取得などの勉強をしている」「就労経験があるが短期間で辞めた」など、さまざまな理由が考えられる。長期間にわたり求職活動していても決まらない応募者は厳しい雇用情勢とはいえ本人の能力や志向に問題があることも多い。

応募者は、不採用が続いているとは回答せず、「求職の方向性を変えた」、あるいは「求職活動と同時に自己啓発してきた」などの回答をするだろう。このような回答が事実かもしれないが、応募者の語る表情や態度から信憑性を見極めてみる必要がある。

失業給付金が支給されるため、積極的に求職活動を行ってこなかった応募者もいるが、「貰えるものは貰う」という考えの応募者が入社後に活躍するとは考えにくい。

書類で記載されていないが、質問をすることで他社に勤務したことが判明した場合、なぜ記載しなかったのか確認する。このときムキになって回答するようでは入社後の人間関係で問題が生じるだろう。「申し訳ありません。短期間の勤務であったため記載しませんでした」と素直に回答できれば、一定の評価はできる。ただし、この場合も短期間で退職した理由について、確認をする必要がある。

求職に慎重になり、内定をもらっても辞退をする応募者がいるが、このような応募者は会社選びに慎重になり、会社から与えられていることだけを考えている。内定辞退の理由にもよるが、少なからず興味を持って応募した会社を簡単に辞退するような応募者は、求職で優先すべきことについて明確でないため、一歩を踏み出せないでいるのだ。

職務経歴について聞き流さない

面接のポイント

- 自社で必要な経験を単調に語る場合、能力が乏しい
- 本心を語らせるためには、応募者が予期せぬ質問を繰り返す

職務経歴書が提出されていても、面接では今までの職務経歴についての説明を求める。応募者によってさまざまな説明をするが、説明方法から応募者の職務能力や仕事のスタンスを把握することができる。

棒読みで、今まで勤務した会社と携わった業務を淡々と語る応募者は、応募企業で発揮できる強みを理解していない。募集職種は理解していても、その仕事に対して、今までの経験を活かして発揮できる自分の強みを把握してないのだ。

応募企業への入社意欲が高ければ、自分のウリとなる強みを積極的に伝える。だらだらと関連性のない職務経歴は語らず、面接官が興味を持つ経歴を強調して語るはずだ。

職務経歴の説明は、採否を決める大切なポイントなのだが、熱意のある表情をせずに語るようでは、職務経験に自信がないのか、仕事そのものに熱意がないことが予測できる。

面接官は自社で必要な経験やスキルを応募者が説明したら、聞き流さずに詳細な説明を求めよう。経験がそれほどなくても経験があるように語る応募者は、経験が浅い職務について触れられたくないため、さらっと流して説明をする。面接官はうなずいて聞くだけでなく、必要とする経験であれば突っ込んで質問をして、回答の信憑性について確認する。

採否を決める上で大切なことは、応募者の回答を興味を抱いて聞くことだ。興味を持って聞くと、さらに質問をしたくなる。応募者の本質を見抜くためには、応募者に本心を語ってもらうことが何よりも重要なのだ。

病気による退職、ブランク期間は、診断書提出について確認する

面接のポイント

- 診断書提出について話をしたときの表情をチェックする
- 過去ではなく、現在と将来に目を向けて、採否の判断を行う

前職を病気で辞めている応募者の多くは、業務に支障はないと面接で述べるが、回答が事実かどうかを見極めなければならない。健康上問題があると回答する応募者はいない。鬱病などで退職している場合、医者の見解をふまえて採否の判断をしなければならない。

病気でブランク期間が長い応募者も同様に、現在の状況が採否を決めるポイントになる。過去の病気を正直に話すのであれば信頼できる応募者かもしれないが、現在もまだ不安があるため、面接時に申し出ていることも考えられる。

病気が完治したと偽って応募している場合、診断書提出について話をする

と、一瞬表情が変わる。面接官は応募者の顔色や表情の変化を見過ごしてはならない。業務に支障がないと回答した応募者に対して、採否を検討する段階で診断書の提出を求める可能性を示唆しておく。問題のない応募者であれば快く承知するが、偽りを述べている場合、面接では取り繕っても、その後の採用試験を辞退するだろう。

診断書の提出を応募者に強要するのは、費用もかかる。採用したい人材であれば、会社が費用を負担して、診断書を提出させることも可能だが、採用段階であれば、診断書を求める可能性について説明した上で、応募者の対応によって判断することもできる。

病気による退職を理由に採用を拒むことは、極力避けるべきだ。現職の社員であっても病気になる可能性があり、病気を経験しているからこそ、健康管理を怠らないことも考えられる。採否のポイントは、過去の病気が業務と関係しているのであれば、自社でも同様の問題が起きないか確認し、現在は完治しており業務に支障を与えないということを見極めよう。

自己啓発は、具体的な進捗状況を確認する

面接のポイント

- 自己啓発の具体的な進捗状況について、確認をする
- ブランク期間を払拭するために、自己啓発を持ち出すことがある

自己啓発をしていることをアピールする応募者には、面接でその具体的な内容について詳しい説明を求める。ブランク期間に何もやってこなかったことを払拭するために、急きょ自己啓発していると語る応募者もいる。たとえば経理を希望していて、簿記2級取得に向けて勉強しているという説明であれば、次回の試験で合格できる見込みについて確認をする。応募者が主張する自己啓発を鵜呑みにするのではなく、能力がどの程度のものなのかを確認する。

自社で必要な知識であれば、筆記試験を行うと話してみる。戸惑いの表情を見せるようでは、自己啓発について疑わしい。

資格取得のための自己啓発であれば、自社において役立つ資格かどうかを見極めよう。営業職を希望しながら簿記の勉強をしているという回答では、簿記が営業に役立たないことはないが、なぜ経理を希望しないのか疑問だ。

就きたい職種の難易度が高いため、不本意でありながら職種を変更している応募者がいるが、気持ちの整理ができていない応募者は、仕事に打ち込むことができず、再び転職する可能性が高い。

自己啓発の内容から、業務に支障をきたさないか検討することも大切だ。勉強することは大切だが、仕事に支障を与えるような学習であれば、本末転倒だ。企業で勤務する上で大切なことは、与えられた仕事をまっとうし、成果をあげることだ。気持ちが集中できないようでは、勉強好きであっても自社で活躍する社員ではない。

自己啓発をしているからといって、仕事に熱心で真面目な社員とはいえない。自己満足や仕事の逃避から、資格取得などに力を注いでいることもある。自己啓発が実務面でどれだけ役立つものかを、検証してみよう。

管理職経験について、部下の人数、管理職としての強みを確認する

面接のポイント

- 部下の人数、マネジメントで工夫したことなどを確認する
- 自社においてどのようなマネジメントをしたいか、確認する

職務経歴書に記載されている管理職経験について、面接で詳細に確認する。管理職として役職が記載されていても、実情は部下がいないこともある。面接では部下の人数、管理職としての実績、強みなどについて、具体的な事例を求めることが大切だ。

部下の人数について、直接の部下がいない場合でも、部門の人数をすべて部下としてカウントする応募者がいる。勤続年数が長いため役職経験があっても、実情は一人で行う業務に携わってきているケースもあるのだ。

管理職採用では、前職の経験や実績だけで判断できない。前職で優秀な成績を収めていても、自社で活躍できるかどうかは未知数なのだ。管理職採用

では、一般職以上に企業の改善、改革を求められて入社することも多いが、前職の経験を引きずっているだけでは既存社員とのコンセンサスが取れず、実績をあげることはできない。管理職として心機一転した上で、求職先の企業で貪欲に頑張ろうとする気持ちがなければ、うまくはいかない。

30代以降では、管理職としてのマネジメント能力を求める企業が多いので、応募者は企業の意向を汲み取り、僅かな管理職経験であっても誇張してアピールすることもある。その場合でも経験が豊富かどうかは、面接における応募者との会話で見極めることができる。経験が浅い応募者は管理職経験について触れられたくないため、回答も事例がなくあっさりしたものになる。

管理職としてやりたいことなどを質問しても、「既存社員とうまくやる」などの答えでは、一般社員の回答と何ら変わらない。既存社員とうまくやることも大切だが、管理職として求められていることを把握していないようでは、入社後の活躍は期待できないだろう。書類に記載されている管理職経験について、部下の人数を含めた具体的な仕事について確認をすることで、応募者の職務能力が見えてくるはずだ。

実務レベルについて試験を行う可能性を示唆する

面接のポイント

- 実務レベルの筆記試験を実施することで、ミスマッチングを防ぐ
- 筆記試験を躊躇する応募者は、実務レベルが低い

　実務レベルについて、採用担当者は職務経歴書と面接を基に判断するが、あくまでも応募者からの申告であり、自社で求める実務能力があるか疑わしいケースがある。採用されたいために少なからず応募者は実務レベルについて誇張して表現する傾向がある。特に専門知識を有する業務では、入社後に実務能力でミスマッチングが起きると、企業の損失だけでなく本人にとっても既存社員とうまくやれず、定着できない可能性が高い。

　実施するかどうかは別として、実務レベルが疑わしい場合は、実務試験を行うかもしれないと面接時に告げてみる。告知したときに応募者の表情が一瞬でも曇れば、実務レベルで問題があることを疑ってみる。自信がある応募者は表情が変わらず、むしろ「望むところです」などの回答が得られるだろう。新卒採用ではSPI試験をはじめ、適性検査や性格検査など、さまざまな試験を実施するが、中途採用では応募者の実務経験を鵜呑みにする傾向がある。すべてを疑ってかかる必要はないが、実際のレベルについて把握していなければ、専門知識や技術を要する業務では、入社後問題が起きる可能性が高い。

応募者の態度や表情にかかわらず、筆記試験を行うことを検討してみてもいい。中途採用では専門分野の募集が多いため、採用担当者が試験を作成することができないかもしれない。その場合は配属部署に協力を仰ぎ、筆記試験を実施すれば、配属部署にとっても必要なレベルの人材を採用できることになる。

筆記試験を実施することで、応募者のレベルを採用段階で把握できることを考えれば、辞退者が増えても気にすることはない。求人募集に筆記試験を行うことを告知することで応募者が減少しても、実務能力に自信がある応募者が集まれば、自社に見合う人材を採用する上で何ら問題はない。

体験入社で能力と適応力を見極める

面接のポイント

- 体験入社を通じて、スキル、適応力を見極める
- 食事を通じて、応募者の性格、志向、能力を見極める

書類や面接だけで応募者の能力や適性などが見極められない場合、配属予定部署への体験入社を検討する。中途採用では新卒採用と異なり、短期間で戦力として活躍できる人材を求めるが、求める能力だけでなく、1日で構わないので既存社員とうまくやれるかどうかを見極めるために、体験入社を実施する。応募者にとっても自分に合う会社かどうかを見極める上で有効な体験になるし、配属部署の社員が選考に参加することで、自分達が選考したという責任感も高まり、既存社員の自覚を促すためにも有効だ。

体験入社で見極めるポイントを予め設定する必要がある。配属部署では応募者をお客様扱いせず、コミュニケーションを通じて実務能力や適応力を見

極める。応募者は面接などの選考と異なり、緊張感が和らぎ、本音を配属部署の社員に話すことも多い。職務経歴書で誇張した実務能力が実際はそれほど高いレベルでないことが判明するケースもある。

体験入社が難しい場合、選考段階で応募者と昼食をともにすることを検討してみてもいい。内定後に食事をするケースはよくあるが、選考段階に行うことで、応募者の本質を見極めた上で、採否を検討することが可能になる。

面接では、緊張して多くを語らない応募者であっても、昼食をともにすると緊張感が和らぎ、本質を見極めやすくなる。選考段階でありながら昼食を共にすることで採用されると誤解する応募者もいるので、会社を知ってもらう目的であることを明確にした上で、採用試験を頑張るように促そう。

採用試験を杓子定規に捉えず、応募者の本質を見極めるためには何が必要か検討することが大切だ。お互いに本音で語れる場を設けることは、応募者も自分に合う会社かどうかをチェックしているので、自社で求める人材を採用する上でより有効な手段といえる。

前職の会社へ問い合わせる可能性を示唆する

面接のポイント

- 前職への問い合わせを示唆したときの応募者の反応をチェックする
- 応募者の主張を受け入れる姿勢がなければ、本音で語らない

面接時に職務経歴や実務能力が疑わしいと感じたら、「選考過程において前職の会社へ問い合わせる可能性があるが、問題ないか？」と応募者に確認する。「大丈夫です」と答えても、前職を円満に辞めていない場合や、在籍期間や職務内容に偽りがある場合は応募者の顔色が変わるはずだ。

問い合わせを示唆することで、その後の選考を辞退する応募者もいる。ウソがわかってしまうことを恐れて、選考を辞退するケースの他、提出した書類を疑われていることに不信感を抱き、辞退することもある。

前職への問い合わせについて、応募者だけに実施しているわけではなく、会社の方針として他の応募者にも行っていることを告げよう。

他の応募者にも実施していることを説明すれば、ウソを記載していない応募者が不信感を募らせてしまうことが避けられる。

応募者の書類や面接で問題がなければ、前職へ問い合わせる必要はないし、逆に疑問点があれば、前職の企業へ問い合わせをしてもよい。

個人情報の問題もあり、通常は前職へ問い合わせをしても回答を得られるとは限らないが、問題を起して辞めた場合、担当者の言葉や語調から察知することが可能だ。選考方法は各社さまざまで、金銭面で問題を抱えている社員を採用したくない場合、与信審査をかけている企業や、最近は少なくなったが、興信所を通じて調べる企業もある。

応募者を最初から疑いながら面接を行えば、応募者も面接官の雰囲気や言葉を察知し、本音で回答しない。厳しい雇用環境であっても応募者も会社を見極めていることを考慮し、提出された書類や面接の回答を一度は受け入れるという姿勢で臨み、矛盾点や疑問点が生じた場合は、前職への問い合わせや与信審査などを検討しよう。

COLUMN

求職者の不安③

採用担当者が考えている以上に、神経質な応募者が多くいます。応募をして2週間経過したが、企業から何も連絡がないが、どうしたらいいかという質問を受けます。応募者が多いなかでは、選考に時間がかかるのもわかりますが、今日は連絡があるかと待っている応募者には相当なストレスが溜まります。

何かの行き違いで企業に届いていないことを考えれば、すぐに電話で連絡をするようアドバイスしますが、彼らは、電話をすることが採否に影響すると考え、なかなか連絡できないのです。冷静に考えれば当たり前のことでも、厳しい雇用情勢のなかでは、採用担当者に良く思われたい、嫌われたら不採用になると、必要以上に神経質になっているように感じます。

第5章 入社時の書類で事実を確認する

入社意思の確認、提出書類の偽りを防止
～内定承諾書

対応のポイント

- 採用取消、解雇についての一文で、チェックを行う
- 提出期限を設けて、入社への意思確認を行う

内定承諾書は、入社する意思を確認する上で有効だが、提出された書類に偽りがあった場合は、採用取消、解雇を行う場合があるという一文を加える。履歴書や職務経歴書に偽りの内容を記載した応募者は動揺する。採用取消や解雇について示唆しても、偽りを申告しない内定者もいるが、解雇を恐れながら勤務したくはないと考え、偽りについて申告するケースもある。

採用取消や解雇の一文を加えることで、内定辞退が増える可能性もあるが、偽りの書類を平然と提出する応募者を採用することを考えれば、事前に防ぐことを重視すべきだ。

内定辞退の申し出があった場合、事務的に処理をせず、来社してもらい理由を確認しよう。履歴書で在籍期間を誤って記載してしまったなどの申告であれば、新たに書類を提出させた上で、再度採否について検討するようにする。原則としてウソの内容があった場合は、採用を取り消すべきだが、採用されたいために偽りを記載した応募者をすべて切り捨てるのではなく、応募者の対応や態度を見極めた上で、自社で必要な人材かどうかを検討する。過ちを犯した人間にチャンスを与えることで、以後は真摯に仕事を行うケースもあることを認識した上で判断しよう。

内定承諾書の提出について、提出期限を設けて本人に送付しよう。他社の選考結果を待っていたり、もっと自分に合う会社があると考えたりして、提出を躊躇する応募者もいる。

内定承諾書では、応募者の入社への意思確認だけでなく、ウソの書類を提出していないかチェックすることができるのだ。

前職の年収、前職の退職時期を確認
~源泉徴収票、在籍証明書、雇用保険被保険者証

対応のポイント

- 源泉徴収票から年収・退職時期を、在籍証明書から在籍期間を確認する
- 雇用保険被保険者証から、二重就労を確認する

前職の源泉徴収票は、転職先企業で年末調整の際に提出してもらうが、すでに退職している場合は、前職の企業がすぐに対応してくれるかは別として、内定時に提出を求めることも可能だ。内定時は前職に在職中の場合も、入社後1カ月以内に提出するよう促してみよう。

年末調整では、給与担当者が事務的に処理をするため、面接時の応募者の回答との違いを見極めることが難しいが、内定時もしくは入社時であればチェックできるはずだ。年末調整には退職時期が記載されているので、履歴書や職務経歴書で記載されている時期と相違がないか確認する。

源泉徴収票で記載されている金額が大幅に少ない場合、休職をしていた可

能性がある。採用段階で応募者からの申告がない場合は、速やかに確認する。

源泉徴収票の提出には時間を要する場合があるが、在籍証明書であれば比較的早い対応が可能だ。今まで在籍した全企業の証明書を提出させることは難しいが、少なくとも前職の在籍証明書であれば、発行する側の企業も速やかに発行するはずだ。

在籍証明書の提出を求めても応じない場合は理由を確認する。「依頼しているが届かない」といった回答であれば、こちらから前職の企業へ提出を促すことを応募者に告げてみる。応募者が円満に辞めていないため、依頼をしていないケースや、在籍期間を偽っているため提出できないこともある。

その他、雇用保険被保険者証を提出しないケースも、円満に退職していない、あるいは有給取得中で退職をしていないことが予測できる。雇用保険の手続きを行う際、前職で喪失手続きを行っていなければ、取得手続きができないため、応募者の偽りが発覚することもある。

提出書類に疑問がある、人間関係を把握したい ～身元保証書

対応のポイント

- 保証人がいない場合、家庭環境などに問題がある
- 他社の入社を検討している可能性がある

身元保証書の提出から応募者の人物像がチェックできる。身元保証を依頼できない応募者は、過去の経歴に問題がある場合もあり、提出された応募書類についても信憑性を疑ってみるべきだ。応募者によっては周囲に親戚や知人がいないこともあるため、提出が遅れているからといっていちがいに本人に問題があるとはいえないが、採用担当者は提出が遅れていることを放置せず、内定者に事情を確認しなければならない。

周囲から信頼されている内定者であれば、企業に提出する身元保証書の提出をかたくなに拒否する理由はない。もし拒むようなら、過去に金銭面などで問題を起こしている可能性も懸念される。

内定承諾書と同じように、応募者が入社について迷いがあり提出を拒んでいることも考えられる。他社の結果を待っているなどの理由で提出しない場合、自社でどうしても必要な人材であれば、提出時期を延ばすことも可能だが、他社が不採用だから自社に入社するようであれば、内定そのものについて検討したほうがいい。

身元保証書の内容についても検討しよう。雛形を使用するのが一般的だが、自社独自のものを使用する場合、本人や保証人に莫大な損害賠償が発生する可能性がある内容であれば、保証人になることを躊躇する。

身元保証書を提出してもらう目的は、採用した人物が故意に会社に損害を与えた場合に本人と共に責任を負うものであり、借金の保証人とは異なるものだ。

身元保証書の目的や責任範囲を本人に説明した上で、提出を促すことが大切だ。

学歴に疑問がある、住居地に疑問がある
～卒業証明書、住民票記載事項証明書

対応のポイント

- 卒業証明書提出を拒む場合、理由を確認し対応する
- 住民票と住居地が異なる場合、理由を確認し対応する

学歴を確認するために、内定者に卒業証明書の提出を求める。提出した書類に偽りの記載がなければ、卒業証明書を拒む理由はない。特定の内定者だけでなく会社のルールとして実施すれば、内定者は不信感を抱かない。

海外の大学が最終学歴の場合、卒業証明書提出までに時間を要することもあるので、いつまでに提出できるか確認をした上で対応しよう。

結婚していながら別居している場合、書類上では別居先住所を記載する応募者がいる。離婚が成立していないなどの理由で住民票を移していなければ、履歴書に記載されている住所と住民票の住所は異なる。

離婚や別居が業務に支障を与えるような問題でなければ、理由を確認した上で住民票記載事項証明書を受け取ればいい。採用段階で離婚が成立していなければ、離婚予定について面接官に告知する義務はないし、連絡先住所と住民票が違っていてもそのことが内定取消の事由には該当しない。離婚をすることでより仕事に打ち込むことも予想できるが、親権の問題もあり、男女にかかわらず子供の養育などの問題が発生する可能性もある。独身で履歴書の住所と住民票が異なる場合、一人暮らしのケースや同棲が考えられる。一人暮らしをしていながら、住民票を移さない理由として、手続きが面倒あるいは、いずれ実家に戻るなどの理由が考えられるが、単にものぐさで手続きをしないようであれば、仕事でも機敏な行動は期待できない。

遠隔地からの応募は不利だと考えて、友人の自宅を住所として履歴書に記載していることもあるが、生活面で問題がないか検討する必要がある。部屋をシェアして暮らすことも悪くはないが、生活が乱れて遅刻、欠勤をしないよう注意を促し、今後の生活プランについて確認をした上で、転居するのであれば具体的な時期や場所を確認する。

資格や免許に疑問がある、実務能力に疑問がある
～免許証、資格証明書、在籍証明書

対応のポイント

- 資格証明書の提出を求めて、実務能力をチェックする
- 在籍証明書をきっかけに、前職の企業へ問い合わせる

資格を取得した経験があっても更新しなければ、失効してしまう資格もある。ドライバーの募集に応募して、自動車免許を所持していないことはないだろう。しかし、営業職などで運転が必要にもかかわらず、違反の累積点があり免許取消寸前というようでは、戦力として活用できない。

資格や免許がなければ仕事ができない職種であれば、採用段階で確認するが、その他の資格や免許についても、少なからず関連性がある場合は、免許や資格証の写しを提出させる。

実務能力を裏付けるパソコン資格なども、ディプロマや証明書を発行しているので、写しを提出させる。パソコン資格を所持していても10年前のものであれば、最近のパソコンについての能力は未知数だ。10年前に取得してから関連のない業務に携わってきた場合、ほとんど役に立たない可能性もある。

実務能力に疑問がある場合、在籍証明書を提出させると、在籍期間だけでなく携わった職務や役職が記載されていることもある。何も記載されていない場合、在籍証明書を発行してもらったお礼を口実に、先方の企業へ連絡を入れて実務面について探ってみる方法もある。「実務面はどうでしたか？」とダイレクトに質問をしても回答しないだろうが、お礼の電話がきっかけであれば、相手のガードを緩めることも可能だ。

「当社では、～という業務で、大変期待をしていますが、御社でも活躍されていたのでしょうね」と具体的な業務を示せば、前職の担当者のガードが緩くなり話が聞けるチャンスもある。資格や免許について、本人の申告だけでなく、裏付けとなる証明書を提出させて内定者の能力を見極めよう。

COLUMN

求職者の不安④

書類選考が通過できず悩んでいる求職者の多くが、応募企業で発揮できる職務能力についてアピールできていません。行ってきた職務経験は記載できても、応募企業で活かせる能力について深く考えていないことが多いのです。

こんな時には次のように指導しています。ます、「応募企業で求めている職務能力はなんだと思いますか？」と質問をして、考えてもらいます。次に「あなたの経験と共通するものがありますか？」と質問をすると、いくつかあげることができます。

そして職務経歴書に「【発揮できる強み】」という見出しをつけて、共通する経験について箇条書きで書くよう指示します。企業が求めているスキルや経験と合致することがわかりやすく記載されていることで、採用担当者が不採用にできない職務経歴書になるのです。

第6章

書類に偽りがあったときの対処法

面接時に確認を怠ると言い訳をされる

対応のポイント

- 書類に記載していない問題は、面接時に確認しないことが問題になる
- 解雇要件に該当しない場合、退職勧奨を検討する

書類の偽りについては、極力入社前に確認をすべきだが、入社後に発覚した場合の対処法について考えてみる。履歴書や職務経歴書に実際に勤務していない企業名を記載することや、勤続年数が6カ月を3年と記載するような故意の偽りであれば、応募者も認めざるをえない。しかし、ブランク期間に勤務した企業がありながら、何も記載していないケースや、採用段階で休職中なのに特に明記していない場合、この点について指摘をしても「面接時に聞かれなかったから回答しなかった」と言い訳をする。

履歴書や職務経歴書にウソの事実を記載することは、詐称に該当するが、勤務先企業名をすべて記載するという指摘をせずに、応募者が記載しなかったのであれば、記載しないこと自体は問題にできない。
「面接時に確認をした」と主張する面接官もいるが、面接を録画や録音していなければ、「言った、言わない」の問題になり、どちらが正しいかの証明は難しいだろう。故意に偽りの内容を記載した場合でも、正しく記載されていれば業務に支障を与えることはなかったといった重大な偽りでなければ、この点だけでの解雇は難しいこともある。

内定承諾書に、偽りを記載した場合、採用を取り消すことがあると記載しても、応募者が正しい内容を申告するよう促すのが目的であり、労働基準法に照らし合わせても、年月を若干間違えた程度では、解雇要件には該当しない。しかし、故意に偽りの書類を提出した社員をそのまま放置すれば、その社員は今後も仕事上で同様の「偽り」を行う可能性が高い。

故意の偽りに対しては、社員としての信用が失墜してしまったことを説明し、退職を勧奨して辞めてもらう方法を検討する。退職勧奨に応じない場合、今後不正が発覚した場合は、速やかに退職するといった覚書を取り交わして見守る方法もある。

書類に偽りを記載させない体制を構築する

対応のポイント

- 会社独自のフォームで書類を提出させる
- 押印させることで、正式文書の自覚を促す

応募者の意思で書類を作成する限り、ウソの記載がなくなることはない。しかし、会社が書類を重視している姿勢を応募者に示すことで、偽って記載しようとする応募者の気持ちを押さえることができる。

履歴書や職務経歴書のフォームを指定していない場合、書きたくない内容は記載しないという傾向がある。だが会社で指定したフォームに記載させれば、記載したくない内容も書かざるを得ない。もちろん決まったフォームでもウソの内容を記載することは可能だが、会社が書類を重視している姿勢を示すことで抑制できるはずだ。インターネットからエントリーシートで応募があった場合、面接を行う応募者に対して会社指定のフォームを返信し、面

接時に捺印の上、持参してもらう。市販の履歴書では捺印箇所がなくなったが、会社独自の履歴書に捺印させることで、正式文書だという自覚が生まれる。提出する履歴書や職務経歴書が応募者によって異なる場合、採用担当者のチェックに混乱をきたすことがあるが、統一のフォームであればチェック箇所も統一されるため作業も容易になる。

内定承諾書で提出書類に偽りが発覚した場合は、解雇する可能性を示唆することも有効だ。誤りがある場合は速やかに申し出ることを記載すれば、入社前に発覚を防止することもできる。内定時に応募者から申告があった段階で再度採否について審議する。

身元保証書、在籍証明書、免許証、退職している場合は源泉徴収票などを、内定時に提出させることが可能なので、内定時の書類が提出された時点で採用担当者は必ずチェックするような体制を構築する。

入社後偽りが発覚した場合、既存社員に与える影響も大きいが、偽りの重大性と応募者がどのように考えているかを考慮し、速やかに対応する。

業務に支障を与える詐称は、解雇に該当する

対応のポイント

- 業務に支障を与える詐称は、試用期間で即時解雇する
- 解雇要件に該当するよう、就業規則に明記する

履歴書や職務経歴書に事実が記載されていれば業務に支障を与えるため採用しなかったようなウソは、解雇要件に該当する。たとえば資格がなければ業務に携われない仕事でありながら資格があると偽って採用されれば解雇に該当する。一方、在籍年数が数カ月間違っていた程度では、業務への支障は考えられず、解雇は認められないだろうが、1年の経験では携われない業務について、3年の経験があると偽り入社した場合は、該当する可能性が高い。

普通解雇要件として、

●解雇事由が就業規則に規定する解雇事由に該当すること
●客観的に合理的な理由があり、社会的に見ても相当性があること

●解雇回避の努力をしたこと

と定められているので、採用時の提出書類の偽りについては就業規則に明記しておくべきだ。普通解雇であれば解雇予告が必要になるが、14日以内の試用期間であれば、解雇予告をしないで即時解雇が可能になる。

履歴書や職務経歴書に記載されていることがすべて正しいと考えていれば、ウソを見つけることは難しい。履歴書、職務経歴書に限らず、企業のチェック機能が甘いと感じた応募者は、懲戒解雇に該当するような金銭面や、会社の信用を失墜させるような問題を引き起こす可能性がある。そのためには、採用時のチェック、内定時の提出書類のチェック、入社手続きにおけるチェックなどを怠ってはならない。

多くの社員が入社する企業では、事務手続きが繁忙のため、提出された書類は正しいという観点で業務を進めるが、入社してくる社員は、それまで会社とは全く縁のなかった人間であることを認識して対応するようにしよう。無免許で操業させたなど、業務に支障を与えるようなウソは、会社に支障を与える問題なのだ。

今後も在籍させたい場合は、内密に対応する

対応のポイント

- 既存社員に知られないよう、担当部署、上層部で対応する
- 問題の重大さを認識させて、信用を取り戻すよう促す

履歴書や職務経歴書のウソが発覚した社員であっても、能力や人間性に問題がなく継続して雇用したいケースがある。重大な詐称であれば能力があっても辞めてもらうべきだが、採用されたいがために偽りの記載をしてしまい、本人が反省しているような場合は、既存社員に知られないように内密に処理するべきだ。

履歴書や職務経歴書の偽りが発覚するのは、書類を管理している人事や総務であり、通常は既存社員が知り得ることではない。担当部署の判断で放置してしまうことは即刻止めるべきだが、問題が生じた場合は役員もしくは経営者を交えて対応を協議する。採用段階で見抜けなかった落ち度が少なから

ず担当部署にある場合、口外しないでもみ消してしまうケースがあるが、このような処理をすれば会社として機能しなくなり、社員のモラルも低下する。

担当者部署が本人と面談を行い、状況によっては始末書を書かせて上層部に提出する。社員のモチベーションを落とさず活用するためには、担当部署と上層部以外の社員に口外せず、内密に処理することも必要だ。

理由はどうであれ、故意にウソの書類を提出した責任を自覚させた上で、少なくても1年間は社員の行動について注意を払う必要がある。

「わからなければいい」という考えは、採用時の書類だけではなく、業務上においても「発覚しなければ何をしてもいい」という行動につながる恐れがある。会社としての対応が決まった段階で、配属部署の上長のみに状況を説明し、管理を徹底させる。社員を活かすことは見逃すことではなく、問題の重大さを認識させた上で、今後、より一層の努力をさせて、失った信用を取り戻すことを促すことなのだ。

おわりに

応募者が提出した書類にウソが記載されていることを前提に選考を進めることは本来好ましいことではないが、採用されたいために職務経験やスキルを誇張して記載された履歴書や職務経歴書を鵜呑みにして採用すれば、企業だけでなく応募者にとっても不幸だ。転職支援サービスなどの履歴書や職務経歴書のアドバイスを受けて応募する人も増えている。したたかに「わからないだろう」と考え、ウソの履歴や職務経歴を記載する応募者もいる。

応募企業が求めている能力や人物像を見極めてマッチングすることを、履歴書や職務経歴書でアピールするというアドバイスが主流だが、企業側にすれば、「できる」と記載されている書類を見て採用した人材が求める人材と異なれば、求人に要した時間や経費だけでなく、余剰な人員を抱えて人件費を圧迫することにもなりかねない。採用段階で応募者の本質を見極めなければ、会社で必要としない人材を採用してしまうことになる。

本書では、履歴書や職務経歴書に記載された応募者の意図的なウソに気がつき、間違った採用を行わないために、見抜くコツや応募者の意図について書かせていただいた。

厳しい雇用情勢のなかで、求人を掲載すれば多くの応募者が集まるが、自社で貢献できる人材を確保するためには、提出された履歴書や職務経歴書から、自社で活躍する人材を見極めることが大切だ。

書類選考は、応募者が提出した履歴書や職務経歴書から自社が必要とする人材かどうかを見極める仕組みである。しかし、書類のチェックポイントを把握していなければ、漠然と採否を決めることになりかねない。本書が少しでも貴社の採用に役立つことを、心から祈願している。

最後になるが、本書を執筆するにあたりC&R研究所三浦聡氏に並々ならぬご尽力をいただいた。書面をもって感謝の気持ちをお伝えできればと思う。

２００９年７月

谷所　健一郎

■著者紹介

谷所《やどころ》　健一郎《けんいちろう》　有限会社キャリアドメイン代表取締役　http://cdomain.jp
日本キャリア開発協会会員
キャリア・デベロップメント・アドバイザー(CDA)

東京大学教育学部付属高校在学中にニューヨーク州立高校へ留学。武蔵大学経済学部卒業後、株式会社ヤナセに入社。その後、株式会社ソシエワールド、大忠食品株式会社で、新卒・中途採用業務に携わる。1万人以上の面接を行い人材開発プログラムや業績評価制度を構築する。株式会社綱八で人事部長を務めたのち独立。1万人以上の面接と人事に携わってきた現場の経験から、人事コンサルティング、執筆、講演、就職・転職支援を行う。ヤドケン就職・転職道場、ジャパンヨガアカデミー相模大野、キャリアドメインマリッジを経営。

主な著書
『選ばれる転職者のための面接の技術』(C&R研究所)
『選ばれる転職者のための職務経歴書&履歴書の書き方』(C&R研究所)
『人事のトラブル防ぎ方・対応の仕方』(C&R研究所)
『できる人を見抜く面接官の技術』(C&R研究所)
『新版「できない人」の育て方辞めさせ方』(C&R研究所)
『「履歴書のウソ」の見抜き方調べ方』(C&R研究所)
『再就職できない中高年にならないための本』(C&R研究所)
『即戦力になる人材を見抜くポイント86』(創元社)
『はじめての転職ガイド必ず成功する転職』(マイナビ)
『「できる人」「できない人」を1分で見抜く77の法則』(フォレスト出版)
『良い人材を見抜く採用面接ポイント』(経営書院) 他多数

編集担当：西方洋一

目にやさしい大活字「履歴書のウソ」の見抜き方 調べ方

2016年2月1日　　初版発行

著　者　谷所健一郎
発行者　池田武人
発行所　株式会社　シーアンドアール研究所
本　社　新潟県新潟市北区西名目所4083-6(〒950-3122)
電話　025-259-4293　FAX　025-258-2801

ISBN978-4-86354-779-7 C0034

Printed in Japan